Diario di Manutenzione

_____

Porto di armamento: _____

Data di inizio: _____

Data di completamento: _____

Diario di Manutenzione

Istallazione bimotore

Creato ed illustrato da Dennison Berwick
Tradotto da Gianenrico Cravenna

Complemento ai testi: Marine Diesel Basics 1

1a edizione 2022

Disponibili in molteplici formati:

Tascabile:	Diario di Manutenzione – Monomotore	ISBN 978-1-990755-29-3
	Diario di Manutenzione – Bimotore	ISBN 978-1-990755-32-3
Copertina rigida:	Diario di Manutenzione – Monomotore	ISBN 978-1-990755-30-9
	Diario di Manutenzione – Bimotore	ISBN 978-1-990755-33-0
Copertina con spirale:	Diario di Manutenzione – Monomotore	ISBN 978-1-990755-31-6
	Diario di Manutenzione – Bimotore	ISBN 978-1-990755-34-7

eDiario di Manutenzione (in formato .pdf compilabile) disponibile per iPad e tablet – clicca&compila su: www.marinedieselbasics.com (solo in inglese)

Ringraziamenti

Grazie a tutti coloro che mi hanno aiutato a progettare, creare e verificare tutto il materiale nel Diario di Manutenzione, inclusi Arie Agniyadis, Mark Bryant, Gillies Davies, Peter Jarret, Denbigh Patton, Simone Pertuiset, Michele Pippen, e Andy Robinson. Un ringraziamento speciale a Gianenrico Cravenna per questa atetenta traduzione. Naturalmente, qualunque errore od omissione sono esclusivamente miei.

E grazie al Commodoro Ed Hill ed ai membri ed al personale del Tanga Yacht Club, Tanzania, per il loro accoglienza e la loro ospitalità.

Dennison Berwick
SV Oceans Five

Limitazione di responsabilità

Voyage Press
7B Pleasant Boulevard, Unit #1045
Toronto, Ontario   Canada M4T 1K2

www.marinedieselbasics.com

Complemento a questo DIARIO

Marine Diesel Basics 1

2nda edizione

(attualmente solo in inglese)

***Illustra** e spiega come effettuare con successo tutte le attività di manutenzione, invernaggio e messa in acqua*

- oltre 350 disegni chiari e semplici
- 64 attività di manutenzione
- 66 attività per l'invernaggio o la messa in secco
- 53 attività per la messa ina acqua

- 222 pagine • Indice completo
- edizione tascabile, rilegata, spiralata, ebook
- US$17.99 – $26.99
- oltre 9.000 copie vendute

"...Il miglior manuale sull'argomento che abbia mai visto, questo libro ha un posto in ogni barca dotata di un motore diesel."

Sail Magazine

"...un gradissimo supporto per coloro che desiderano sporcarsi un po' di più le mani con il motore, grazie alle sue spiegazioni semplici e illustrate... Lo raccomando senz'altro."

Good Old Boat

"Le eccellenti illustrazioni dell'autore (ce ne sono oltre 300) rendono la comprensione del testo semplicissima: viene affrontato ogni singolo passo per la manutenzione ordinaria, per la risoluzione dei problemi, e per la rimessa in acqua. Mi è piaciuta particolarmente la struttura del libro...Lo raccomando molto."

Australian Sailing

Disponibile online e nelle principali librerie
- Librerie nautiche
- Negozi di forniture nautiche
- Amazon • Kindle
- iBooks • GooglePlay • Kobo

Disponibile anche da: *www.marinedieselbasics.com*

Attualmente disponibile solo in inglese, con un elenco dettagliato di parole tecniche inglese-italiano disponibile gratuitamente sul sito:

MDB Dizionario Tecnico

Indice dei contenuti

Indice dei contenuti

Indice della illustrazioni

Benvenuti nel vostro Diario di manutenzione

Questo Diario è stato concepito per aiutarvi a tenere in efficienza facilmente ogni parte del vostro diesel marino.

Disegni – oltre 40 disegni che riguardano controlli e componenti fondamentali.

A pagina vi trovate la lista completa.

Ricambi – poter tenere in un unico posto i dati di marca e modello rende la manutenzione molto più facile (ad es. codici dei filtri gasolio, le date di istallazione delle batterie, dimensione passo e rotazione dell'elica, ecc.).

Programma di Manutenzione – elenchi da spuntare con le singole attività di manutenzione (giornaliere, settimanali, mensili ecc.). Si spunta il lavoro fatto e si inserisce la data del prossimo intervento.

Controlli – i disegni molto chiari aiutano a capire cosa guardare quando si fa un controllo – cinghie, girante, livelli, elica, ecc. L'elenco completo è a pagina 46.

Diario – mantenere una traccia precisa di ogni intervento fatto su ogni parte del sistema – cosa, chi, quando ed il seguito.

Introduzione

Sintesi – essere sicuri che attività rilevanti non si perdano nelle pagine del Diario. Pagine di sintesi per attività specifiche come cambio dell'olio, cambio della girante, ecc. Ogni quanto vanno cambiati gli anodi? La frequenza è cambiata?

Misure e tabelle di conversione – formule e tabelle di facile utilizzo per 14 misure importanti: metriche e anglosassoni, diametri di foratura e di filettatura.

Indice – indice completo di tutti gli argomenti inclusi in questo Diario.

Il Valore di mantenere aggiornato il vostro Diario di Manutenzione

Uno dei modi più semplici ma importanti per tenere in efficienza e preservare la vita di un qualunque componente meccanico di una imbarcazione è la tenuta del Diario di Manutenzione. Più esso risulta completo e preciso, maggiore risulta la sua utilità nel corso degli anni. Il tuo diario risponde a questi importanti obiettivi:

1. Tenere traccia di cosa è stato fatto, quando e da chi. L'effettuazione di una manutenzione regolare – come il cambio del filtro e dell'olio – costituisce il fondamento di un sistema diesel affidabile: La risoluzione delle avarie spesso inizia con il ripercorrere gli interventi più recenti e con la verifica che nulla sia stato omesso.

2. Marca, modello e numero di serie – avere tutti i dati in un unico organizzato posto, facilmente consultabile: Poter ordinare ricambi ecc. dipende dall'avere i numeri di modello e di serie accurati.

3. Osservazione precoce di problemi potenziali – molti problemi si sviluppano gradualmente e, spesso, sono facili da risolvere, se affrontati al loro insorgere: Le note dettagliate sono un aiuto concreto per affrontare passo dopo passo la soluzione dei guasti.

4. Riportare le prestazioni del motore e del sistema nel suo complesso – scrivendo semplici note- migliora la consapevolezza di tutti gli aspetti del sistema del motore diesel marino: Sapere cosa è "normale" aiuta ad individuare in anticipo problemi potenziali.

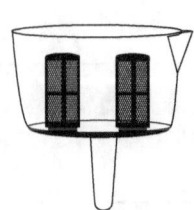

Usare un imbuto con il filtro contribuisce a mantenere acqua e sporco fuori dal serbatoio

Il filtro acqua di mare con apertura dall'alto è più facile da usare. Rende più facile pulire il cestello del filtro e il corpo. Se la guarnizione o- ring non è a tenuta, la pompa dell'acqua di mare aspirerà aria nel filtro.

Dati dell'imbarcazione

Cantiere e modello _____

_____ Anno di costruzione _____

Lunghezza Fuori Tutto (L.F.T.) _____ Numero scafo (HIN)_____

Pescaggio _____ Tirante d'aria _____ Larghezza _____

Bandiera _____ Licenza di navigazione N. _____

Rilasciata il_____ Data scadenza _____

Ubicazione _____ cartaceo ☐ pdf ☐

MMSI _____ Nominativo di chiamata internazionale _____

Compagnia Assicuratrice RC _____

Indirizzo _____

Telefono _____ Email _____

N° Polizza RC _____ Data scadenza _____

Ubicazione _____ cartaceo ☐ pdf ☐

Compagnia Assicuratrice CORPI _____

Indirizzo _____

Telefono _____ Email _____

N° Polizza RC _____

Ubicazione _____

Detalhes de Contato – Estaleiro, Marina & Mecânico _____

Nome/Endereço _____

Telefono _____ Email _____

Nome/Endereço _____

Telefono _____ Email _____

Nota _____

Repertorio Dati del Sistema Diesel

Motore di **SINISTRA**

Marca
e Modello _____ Anno _____

N° di serie _____ Potenza (HP/kW) _____ N°. Cilindri _____

Ore di
moto _____ Data _____ Ore di
moto _____ Data _____

Senso di rotazione _____ Revisione/
Rifacimento _____

Supporti motore
  Proravia:
  Marca e Modello _____ Dimensione _____

                                     Data
montaggio _____

  Poppavia:
  Marca e Modello _____ Dimensione _____

Manuali del motore vedere pagina 33   Data
montaggio _____

Repertorio

Motore di **DRITTA**

Marca
e Modello _____ Anno _____

N° di serie _____ Potenza (HP/kW) _____ N°. Cilindri _____

Ore di
moto _____ Data _____ Ore di
moto _____ Data _____

Senso di rotazione _____ Revisione/
Rifacimento _____

Supporti motore
  Proravia:
  Marca e Modello _____ Dimensione _____

                                       Data
montaggio _____

  Poppavia:
  Marca e Modello _____ Dimensione _____

Manuali del motore vedere pagina 33   Data
montaggio _____

Ubicazione di tutte le prese a mare dell'imbarcazione –
raffreddamento motore, lavandini, gabinetti, ecc

presa a
mare

Ubicazione

- Serbatoi carburante
- Imbarco carburante in coperta
- Sfiato serbatoio
- Tubi carburante
- Valvole di intercettazione
- Collegamenti al sensore di livello

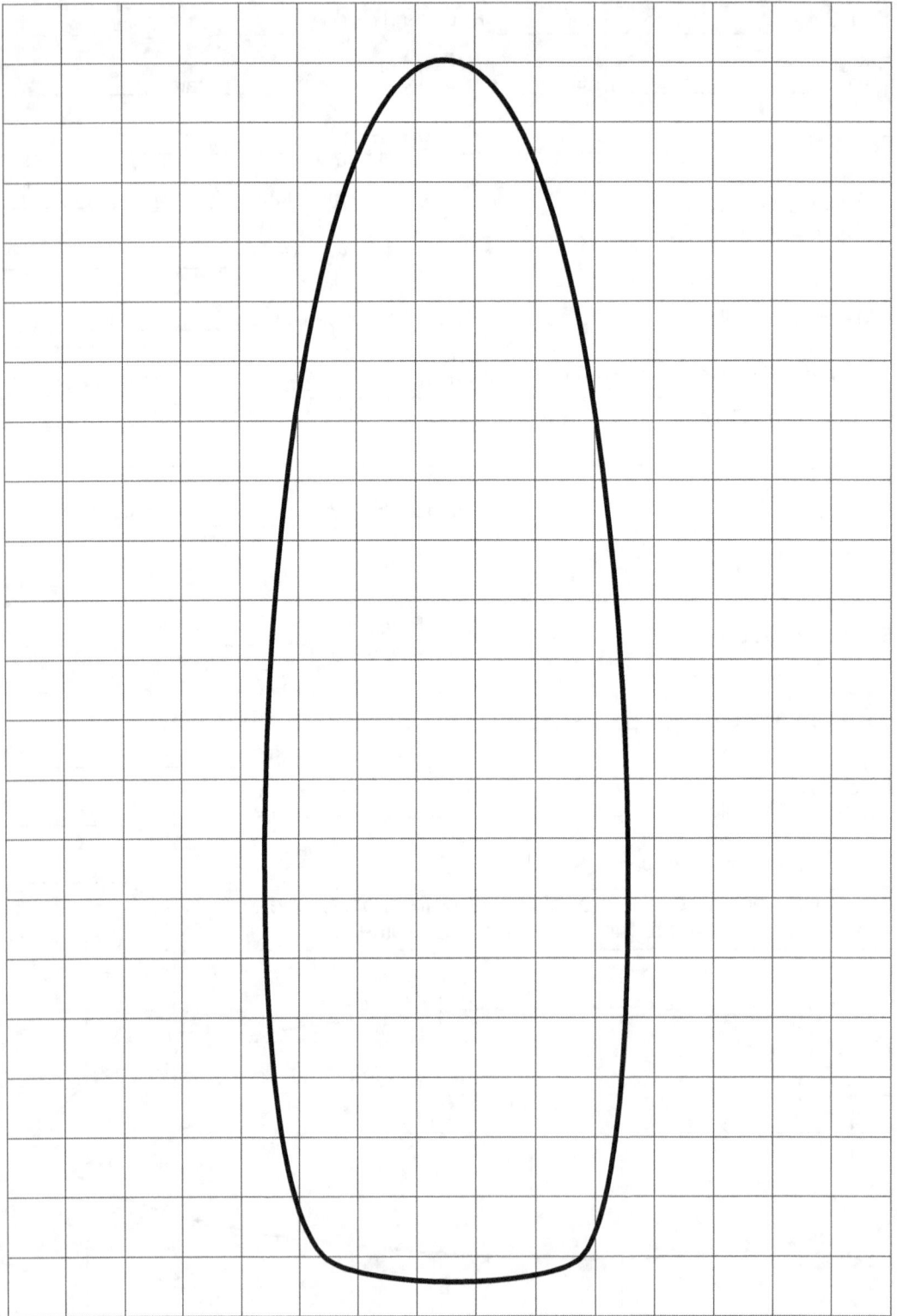

Serbatoi del Carburante

Numero di Serbatoi _____ Capacità complessiva _____ Litri

Serbatoio N°1   Capacità _____ Litri

Materiale di
costruzione _____   Anno di
                                                        fabbricazione _____

Riparazioni _____

Diametro e anno   Carico _____ mm anno _____ Alimentazione_____ mm anno _____
dell'installazione
del tubo flessibile   Sfiato _____ mm anno _____   Ritorno_____ mm anno _____

Mappare la posizione delle singole valvole del combustibile

Repertorio

chiudere le valvole
tra i serbatoi

conoscere la posizione delle
valvole può ridurre il rischio
di allagamento in caso di
rottura di un tubo

Serbatoio N°2   Capacità _____ Litri

Materiale di
costruzione _____   Anno di
                                                        fabbricazione _____

Riparazioni _____

Diametro e anno   Carico _____ mm anno _____ Alimentazione_____ mm anno _____
dell'installazione
del tubo flessibile   Sfiato _____ mm anno _____   Ritorno_____ mm anno _____

Serbatoio N°3   Capacità _____ Litri

Materiale di
costruzione _____   Anno di
                                                        fabbricazione _____

Riparazioni _____

Diametro e anno   Carico _____ mm anno _____ Alimentazione_____ mm anno _____
dell'installazione
del tubo flessibile   Sfiato _____ mm anno _____   Ritorno_____ mm anno _____

Filtri Gasolio

Motore di SINISTRA

Filtro Separatore Gasolio Marca e Modello _____

Codice Cartuccia _____ Micron _____ µm

Nota _____

Motore di DRITTA

Filtro Separatore Gasolio Marca e Modello _____

Codice Cartuccia _____ Micron _____ µm

Nota _____

Esistono 5 tipi di pre-filtri carburante – con lo scopo di separare acqua e impurità dal carburante

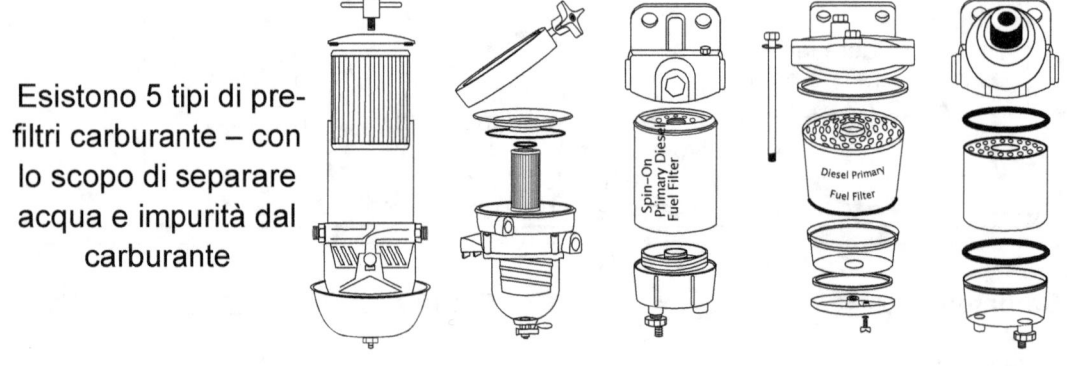

Motore di SINISTRA

Filtro carburante secondario Marca e Modello _____

Elemento filtrante n°. _____ Porosidade _____ µm

Nota _____

Motore di DRITTA

Filtro carburante secondario Marca e Modello _____

Elemento filtrante n°. _____ Porosidade _____ µm

Nota _____

Pompe di Aspirazione/Alimentazione e Iniezione del motore

Motore di SINISTRA

Pompe carburante   azionate dal motore ◯   elettriche ◯   pompe ausiliari   no ◯
    sì ◯

Codice N° _____

Pompa di iniezione Marca e Modello _____

Tipo di iniezione carburante
    Meccanica – in linea ◯   Elettronica – common rail ◯
    Meccanica–distributore ◯   Elettronica – distributore rotativo ◯

Pompa di iniezione manuale   no ◯   sì ◯   Ubicazione _____

Nota _____

Repertorio

Motore di DRITTA

Pompe carburante   azionate dal motore ◯   elettriche ◯   pompe ausiliari   no ◯
    sì ◯

Codice N° _____

Pompa di iniezione Marca e Modello _____

Tipo di iniezione carburante
    Meccanica – in linea ◯   Elettronica – common rail ◯
    Meccanica–distributore ◯   Elettronica – distributore rotativo ◯

Pompa di iniezione manuale   no ◯   sì ◯   Ubicazione _____

Nota _____

Dimensione del Micron: quanto è piccolo il piccolo?

100 micron
1 granello di sabbia

30 micron

visibile ad occhio nudo

Lo sporco nel pre-filtro può essere troppo piccolo per vederlo

10 micron
prefiltro carburante

particelle in olio motore usato
20 -5 micron

8 micron
globuli rossi del sangue

2 micron
filtro secondario carburante

13

Lubrificazione del Motore

Motore di SINISTRA

Quantità olio motore _____ Litri

Marca e gradazione usata _____

Codice filtro olio _____

Codice alternativo filtro olio _____

Radiatore olio   no ☐   sì ☐   Filtro ventilazione basamento   no ☐   sì ☐

Notas _____

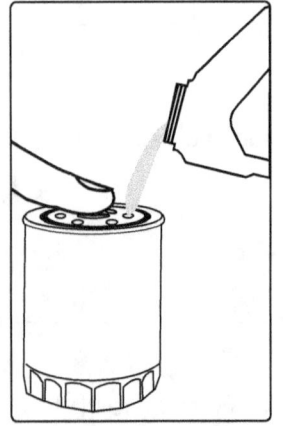

Se si riempie il filtro dell'olio, tenere tappato il foro centrale

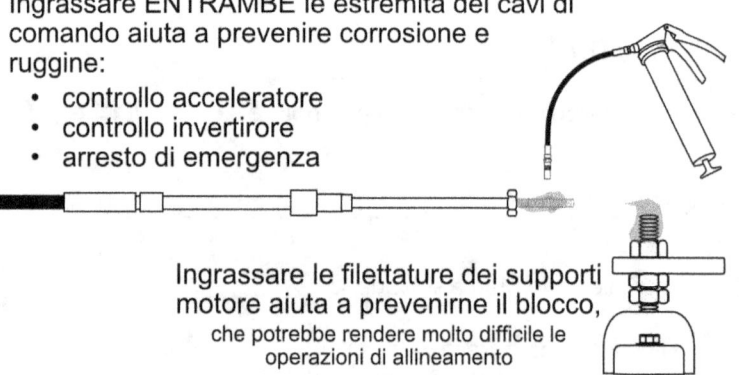

Ingrassare ENTRAMBE le estremità dei cavi di comando aiuta a prevenire corrosione e ruggine:
* controllo acceleratore
* controllo invertirore
* arresto di emergenza

Ingrassare le filettature dei supporti motore aiuta a prevenirne il blocco, che potrebbe rendere molto difficile le operazioni di allineamento

Ingrassare i cavi di comando

Motore di DRITTA

Quantità olio motore _____ Litri

Marca e gradazione usata _____

Codice filtro olio _____

Codice alternativo filtro olio _____

Radiatore olio   no ☐   sì ☐   Filtro ventilazione basamento   no ☐   sì ☐

Notas _____

Lubrificazione del Motore

La "ciambella" API/SAE

Ci sono tre informazioni fondamentali relative alle caratteristiche degli olii, contenute nella "ciambella" API/SAE apposta su ogni confezione:

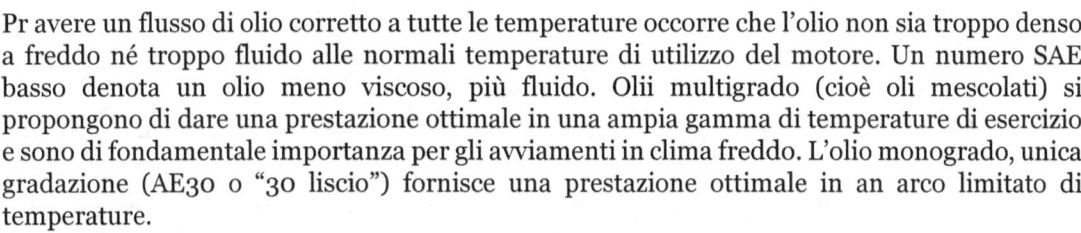

1) C - per motori a compressione/diesel oppure S - candela/benzina.
2) J classe di utilizzo – lettere più avanti per modelli più nuovi.
3) Viscosità – multigrado o a viscosità unica (es.: SAE30)

Pr avere un flusso di olio corretto a tutte le temperature occorre che l'olio non sia troppo denso a freddo né troppo fluido alle normali temperature di utilizzo del motore. Un numero SAE basso denota un olio meno viscoso, più fluido. Olii multigrado (cioè oli mescolati) si propongono di dare una prestazione ottimale in una ampia gamma di temperature di esercizio e sono di fondamentale importanza per gli avviamenti in clima freddo. L'olio monogrado, unica gradazione (AE30 o "30 liscio") fornisce una prestazione ottimale in an arco limitato di temperature.

Gli olii multigradi hanno due numeri separati dalla lettera "W" per avviamento a freddo o invernale (es.: 10W30 o "dieci-trenta"). Un olio 10W30 a freddo ha la stessa viscosità di un SAE 10 monogrado ed a caldo quella di un SAE30, sempre monogrado.

Repertorio

Additivi nell'olio motore

Gli additivi costituiscono circa il 15-25% di un olio motore e sono ingredienti specifici per migliorare le prestazioni e ridurre l'usura. Gli additivi perdono la loro efficacia con il tempo e, quindi, è fondamentale cambiare l'olio almeno agli intervalli specificati dal produttore, oppure se il motore si surriscalda o se è stato un rabbocco con olio di minore qualità (es.: quello che c'era). Gli additivi si classificano in 9 categorie, ognuna delle quali ha una funzione specifica:

1. Disperdenti – contribuiscono a mantenere materiali contaminanti (es: particelle di carbone o metallo) in sospensione nell'olio fino a che non siano rimossi dal filtro, che permette di evitare la formazione di morchie carboniose.

2. Detergenti – contribuiscono ad impedire la formazione di depositi carboniosi sulle superfici soggette a temperature elevate, quali pistoni e cuscinetti.

3. Antiusura – lubrificazione essenziale per prevenire l'usura per contatto tra superfici metalliche; si degradano con l'uso e vanno rimpiazzati nel tempo.

4. Riduttori di attrito/modificanti – modificano le qualità lubrificanti di un olio, riducendo attriti e migliorando l'efficienza del motore.

5. Antiossidanti / inibitori di ossidazione – rallentano gli effetti dell'esposizione all'ossigeno a temperature elevate; l'ossidazione in olio vecchio contribuisce alla formazione di morchia ed all'ispessimento dell'olio.

6. Antischiuma/ dischiumanti – riducono la formazione di bolle d'aria nella circolazione dell'olio; le bolle d'aria possono contenere gas della combustione, che provocano fenomeni di corrosione/vaiolatura; la presenza di aria causa la mancanza di lubrificazione.

7. Inibitori di corrosione / di ruggine – ricoprono le superfici e prevengono ruggine e neutralizzano gli acidi, quali l'acido solforico che si forma con il vapore acqueo dell'aria e lo zolfo nel combustibile.

8. Miglioratori dell'indice di viscosità – modificano la fluidità dell'olio alle alte temperature, migliorando le prestazioni a temperature basse.

9. Riduttori del punto di scorrimento – utilizzati negli olii multigrado per migliorare lo scorrimento a basse temperature, facilitando l'avviamento a freddo in climi rigidi.

Raffreddamento del Motore

Motore di SINISTRA

Tipo di raffreddamento   acqua di mare ⬡   raffreddamento ⬡   raffreddamento ⬡
                                                   in chiglia   ad aria

indiretto ⬡   diretto ⬡

Tipo di presa a mare_____ Data di istallazione _____

Filtro in aspirazione_____ Data di istallazione _____
  marca e modello

Tubo per acqua di mare - dimensioni_____mm Data di istallazione _____

Marca e modello pompa acqua di mare _____

Pompa comandata   meccanicamente ⬡ da cinghia ⬡ odice cinghia N° _____

Girante – marca e modello _____

Marca e modello alternativi _____

Scambiatore di calore Marca e Modello _____

Rompi-sifone – Marca e modello _____

Legare un cono di legno ad ogni presa in uso in caso la presa od il tubo si guastassero

Liquido di raffreddamento – capacità _____ Litri

Ultima sostituzione _____ Ultima pulizia e lavaggio _____

Marca e tipo liquido di raffreddamento/antigelo _____

Note _____

_____

_____

_____

Raffreddamento del Motore

Motore di DRITTA

Tipo di raffreddamento   acqua di mare ◯   raffreddamento ◯   raffreddamento ◯
in chiglia   ad aria

indiretto ◯   diretto ◯

Tipo di presa a mare_____ Data di istallazione _____

Filtro in aspirazione_____ Data di istallazione _____
marca e modello

Tubo per acqua di mare - dimensioni_____mm   Data di istallazione _____

Marca e modello pompa acqua di mare _____

Pompa comandata   meccanicamente ◯ da cinghia ◯ odice cinghia N° _____

Girante – marca e modello _____ **Repertorio**

Marca e modello alternativi _____

Scambiatore di calore Marca e Modello _____

Rompi-sifone – Marca e modello _____

Lo scambiatore dell'olio è uno scambiatore di calore – solitamente montato sui motori più grossi. Controllare se ha un anodo sacrificale.

Liquido di raffreddamento – capacità _____ Litri

Ultima sostituzione _____ Ultima pulizia e lavaggio _____

Marca e tipo liquido di raffreddamento/antigelo _____

Note _____

_____

_____

_____

Aria – Aspirazione e scarico

Motore di SINISTRA

Aspirazione Aria

Filtro di aspirazione presente   no ☐   sì ☐   tipo _____

Ventilatore meccanico **ingresso**   no ☐   sì ☐   modello _____

Ventilatore meccanico **uscita**   no ☐   sì ☐   modello _____

Turbocompressore   no ☐   sì ☐   marca e modello _____

Postcompressore /Intercooler   no ☐   sì ☐   marca e modello _____

Note _____
_____
_____

presa d'aria con prefiltro in schiuma

liberare l'estremità per estrarre la cartuccia

la cartuccia può essere pulita o sostituita

I filtri aria in schiuma possono essere lavati con acqua saponata

Alcune cartucce possono essere pulite con una spazzola.

Scarico

scarico umido ☐

Sistema di scarico   scarico asciutto ☐ _____

Riser di scarico – materiale di costruzione   ghisa ☐   acciaio inox ☐   outro ☐

Data di istallazione/Ultima riparazione _____

Tubo di scarico – diametro interno / esterno _____

_____ Data di montaggio _____

Marmitta/Silenziatore – marca e modello _____

Scarico   no ☐   sì ☐

Note _____

Aria – Aspirazione e scarico

Motore di DRITTA

Aspirazione Aria

Filtro di aspirazione presente   no ☐   sì ☐   tipo _____

Ventilatore meccanico **ingresso**   no ☐   sì ☐   modello _____

Ventilatore meccanico **uscita**   no ☐   sì ☐   modello _____

Turbocompressore   no ☐   sì ☐   marca e modello _____

Postcompressore /Intercooler   no ☐   sì ☐   marca e modello _____

Note _____

_____ **Repertorio**

_____

Con un filo rigido grattare via depositi e ruggine nel riser

Uno scarico nella marmitta può rivelarsi utile

Riser di scarico – esempi

I frammenti della girante possono facilmente ostruire i passaggi più piccoli

Scarico

       scarico umido ☐

Sistema di scarico   scarico asciutto ☐ _____

Riser di scarico – materiale di costruzione   ghisa ☐   acciaio inox ☐   outro ☐

Data di istallazione/Ultima riparazione _____

Tubo di scarico – diametro interno / esterno _____

_____ Data di montaggio _____

Marmitta/Silenziatore – marca e modello _____

Scarico   no ☐   sì ☐

Note _____

Sistema Elettrico – Batterie

Watt complessivi dei pannelli solari istallati _____ Amp. Nominali del generatore eolico _____

N° dei banchi di batterie (complessivi) _____ Capacità complessiva di tutti gli alternatori _____ A

Amp. Complessivi se messe in parallelo con la batteria di avviamento _____ A

Batterie AVVIAMENTO **motore di SINISTRA**

N° di batterie _____ Voltaggio 6V ☐ 12V ☐ 24V ☐   Voltaggio di funzionamento _____ V

Tipo di batteria   gella umida ☐   aperta ☐ / sigillata ☐   Gel ☐ AGM ☐ Litio ☐

Amp. Spunto CCA* de partida _____ A   Corrente di spunto MCA* _____ A   Amp/ora _____

Marca e modello _____

Formato tipo _____ Data istallazione _____

Note _____

Batterie AVVIAMENTO **motore di DRITTA**

N° di batterie _____ Voltaggio 6V ☐ 12V ☐ 24V ☐   Voltaggio di funzionamento _____ V

Tipo di batteria   gella umida ☐   aperta ☐ / sigillata ☐   Gel ☐ AGM ☐ Litio ☐

Amp. Spunto CCA* de partida _____ A   Corrente di spunto MCA* _____ A   Amp/ora _____

Marca e modello _____

Formato tipo _____ Data istallazione _____

Note _____

Altro banco di batterie

N° di batterie _____ Voltaggio 6V ☐ 12V ☐ 24V ☐   Voltaggio di funzionamento _____ V

Tipo di batteria   gella umida ☐   aperta ☐ / sigillata ☐   Gel ☐ AGM ☐ Litio ☐

Amp. Spunto CCA* de partida _____ A   Corrente di spunto MCA* _____ A   Amp/ora _____

Marca e modello _____

Formato tipo _____ Data istallazione _____

Note _____

*CCA – Cold Cranking Amps (Amperaggio Avviamento a freddo)   *MCA – Marine Cranking Amps (Amperaggio Avviamento Marino)

Vedi pagina 265

Sistema Elettrico – Anodi

Anodo(i) motore di SINISTRA no ⬭ sì ⬭

Tipo   zinco ⬭   alluminio ⬭   magnesio ⬭   Dimensioni_____

Posizione sul motore _____

Anodo(i) motore di DRITTA no ⬭ sì ⬭

Tipo   zinco ⬭   alluminio ⬭   magnesio ⬭   Dimensioni_____

Posizione sul motore _____

Vedi anche Saildrives p.30

Tipi di anodi
Zinco- per acqua di mare
Magnesio – per acqua dolce
Alluminio – per acqua salmastra,
dolce o salata

Repertorio

Non mischiare tipi di anodi diversi sullo stesso impianto

Anodo dell'elica di SINISTRA no ⬭ sì ⬭

Tipo   zinco ⬭   alluminio ⬭   magnesio ⬭   Dimensioni_____

Posizione sul motore _____

Anodo dell'elica di DRITTA no ⬭ sì ⬭

Tipo   zinco ⬭   alluminio ⬭   magnesio ⬭   Dimensioni_____

Posizione sul motore _____

Numero totale anodi istallati:_____Ubicazione – motore, asse elica, elica, scafo

Sistema Elettrico – Alternatori

Numero complessivo di alternatori _____ Output nominale complessivo _____ W

Motore di SINISTRA

Alternatore N° 1

Marca e modello_____

Output nominale _____ W   Data
                                          Istallazione _____

Tipo di cinghia   a V ⬭   serpentina ⬭

Lunghezza della   Larghezza supra _____ Spessore_____mm
cinghia

Codice identificativo della cinghia _____

Regolatore   interno ⬭
                                    Marca e modello_____
                    esterno ⬭

          intelligente a 3 stadi ⬭   Data Istallazione _____

Note _____

_____

_____

Alternatore N° 2

Marca e modello_____

Output nominale _____ W   Data
                                          Istallazione _____

Tipo di cinghia   a V ⬭   serpentina ⬭

Lunghezza della   Larghezza sup. _____ Spessore_____mm
cinghia

Codice identificativo della cinghia _____

Regolatore   interno ⬭
                                    Marca e modello_____
                    esterno ⬭

          intelligente a 3 stadi ⬭   Data Istallazione _____

Note _____

_____

_____

Sistema Elettrico – Alternatori

Motore di DRITTA

Alternatore N° 1

Marca e modello_____

Output nominale _____ W   Data
                                          Istallazione _____

Tipo di cinghia   a V ⃝   serpentina ⃝

Lunghezza della   Larghezza supra _____ Spessore_____mm
cinghia

Codice identificativo della cinghia _____

Regolatore   interno ⃝
                                    Marca e modello _____
                    esterno ⃝

          intelligente a 3 stadi ⃝   Data Istallazione _____

Note _____

Repertorio

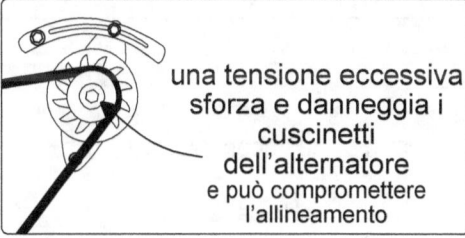
una tensione eccessiva sforza e danneggia i cuscinetti dell'alternatore e può compromettere l'allineamento

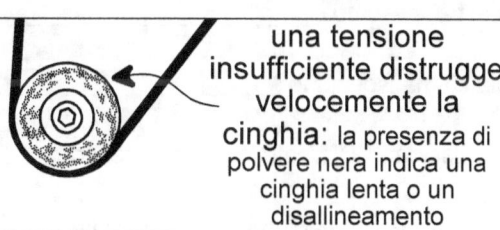
una tensione insufficiente distrugge velocemente la cinghia: la presenza di polvere nera indica una cinghia lenta o un disallineamento

Alternatore N° 2

Marca e modello_____

Output nominale _____ W   Data
                                          Istallazione _____

Tipo di cinghia   a V ⃝   serpentina ⃝

Lunghezza della   Larghezza sup. _____ Spessore_____mm
cinghia

Codice identificativo della cinghia _____

Regolatore   interno ⃝
                                    Marca e modello_____
                    esterno ⃝

          intelligente a 3 stadi ⃝   Data Istallazione _____

Note _____

_____

_____

Invertitore / Trasmissione

Motore di SINISTRA

Invertirore Marca e Modello _____

_____

N° di matricola _____

Tipo   idraulico ☐ meccanico ☐   Data istallazione _____

ATF o olio lubrificante_____ Capacità _____ L

Rapporto di trasmissione   Posizione A _____ Posizione B _____

Raffreddamento Invertitore (scambiatore di calore)   no ☐   sì ☐

Anodo   no ☐   sì ☐   zinco ☐   alluminio ☐   magnesio ☐

Parastrappi – tipo _____

Data ultima ispezione _____

Trasmissione   Diametro albero ingresso _____ mm   N° scanalature _____

                        Diametro albero uscita _____ mm   N° scanalature _____

*Note*_____

Giunto flessibile   no ☐   sì ☐   Data istallazione _____

Marca e modello _____

Invertitore sotto vela*   folle ☐   Ingranato – **retro** / **AV** ☐   freno asse ☐

*Controllare sempre il manuale – le prescrizioni cambiano tra i diversi invertitori

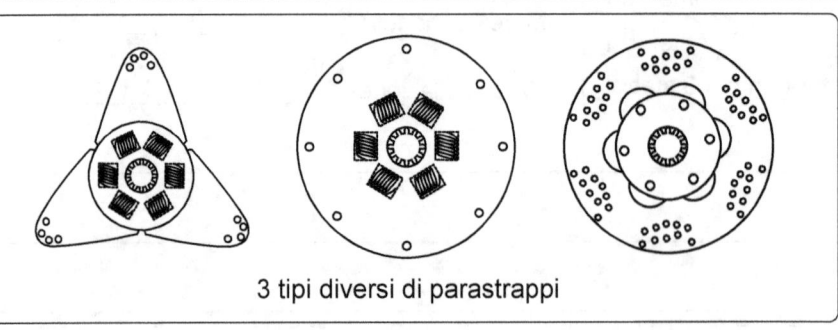

3 tipi diversi di parastrappi

Invertitore / Trasmissione

Motore di DRITTA

Invertirore Marca e Modello _____

_____

N° di matricola _____

Tipo   idraulico ⃝ meccanico ⃝   Data istallazione _____

ATF o olio lubrificante_____ Capacità _____ L

Rapporto di trasmissione   Posizione A _____ Posizione B_____

Raffreddamento Invertitore (scambiatore di calore)   no ⃝   sì ⃝

Repertorio

Anodo   no ⃝   sì ⃝   zinco ⃝   alluminio ⃝   magnesio ⃝

Parastrappi – tipo _____

Data ultima ispezione _____

Trasmissione   Diametro albero ingresso _____ mm   N° scanalature _____

Diametro albero uscita _____ mm   N° scanalature _____

*Note*_____

Giunto flessibile   no ⃝   sì ⃝   Data istallazione _____

Marca e modello _____

Invertitore sotto vela*   folle ⃝   Ingranato – **retro / AV** ⃝   freno asse ⃝

Controllare sempre il manuale – le prescrizioni cambiano tra i diversi invertitori

---

Note _____

_____

_____

_____

Asse Elica e Astuccio

Motore di SINISTRA

Asse Elica

Diametro dell'asse _____mm / inches*

*usare le frazioni di pollice per maggiore accuratezza

Data istallazione _____

Materiale dell'asse dell'elica   acciaio inox ◯   bronzo ◯   altro ◯

Per misurare correttamente la conicità dell'asse dell'elica, vedi pagina 28

Premitreccia

Tipo di cuffia di tenuta   a labbro ◯   ad anello ◯   premistoppa ◯

Marca e modello_____

Dimensioni _____ Data istallazione _____

Istruzioni _____ cartaceo ◯   pdf ◯

Cuffia di tenuta a labbro

Cuffia di tenuta ad anello

Boccola Idroubrificata marca e modello _____

Materiale di costruzione   ottone/gomma ◯   composito/gomma ◯   gomma/gomma ◯

Data istallazione _____

manicotto nel suporto asse

boccola autolubrificante

asse dell'elica

Misure in

mm ◯

inch ◯

lunghezza del manicotto nel suporto asse

diametro interno

diametro esterno

diametro interno

diametro esterno

_____   _____   _____   _____   _____

Asse Elica e Astuccio

Motore di DRITTA

Asse Elica

Diametro dell'asse _____mm / inches*

*usare le frazioni di pollice per maggiore accuratezza

Data istallazione _____

Materiale dell'asse dell'elica   acciaio inox ⬭   bronzo ⬭   altro ⬭

Per misurare correttamente la conicità dell'asse dell'elica, vedi pagina 28

Premitreccia

Tipo di cuffia di tenuta   a labbro ⬭   ad anello ⬭   premistoppa ⬭

Marca e modello_____

Dimensioni _____ Data istallazione _____

Istruzioni _____ cartaceo ⬭   pdf ⬭

Repertorio

Premitrecce tradizionale in bronzo

Boccola Idroubrificata marca e modello _____

Materiale di costruzione   ottone/gomma ⬭   composito/gomma ⬭   gomma/gomma ⬭

Data istallazione _____

manicotto nel suporto asse   boccola autolubrificante   asse dell'elica

Misure in

mm ⬭

inch ⬭

lunghezza del manicotto nel suporto asse

diametro interno

diametro esterno

diametro interno

diametro esterno

_____   _____   _____   _____   _____

Eliche

Elica di motore di SINISTRA

Tipo di elica   fissa ◯ a bandiera ◯ chiudibile ◯   Rotazione:

Materiale di costruzione   bronzo ◯ acciaio inox ◯   Sinistrorsa (Anrioraria / LH) ◯

                                alluminio ◯   Destrorsa (Oraria) (RH) ◯

N° di pale 2 ◯ 3 ◯ 4 ◯ 5 ◯

Dimensioni dell'elica   Diametro _____ cm/pol. Passo _____ cm/pol.

Marca e N° di serie _____

Numero dell'elica (es. 18 LH 12) _____ Data istallazione _____

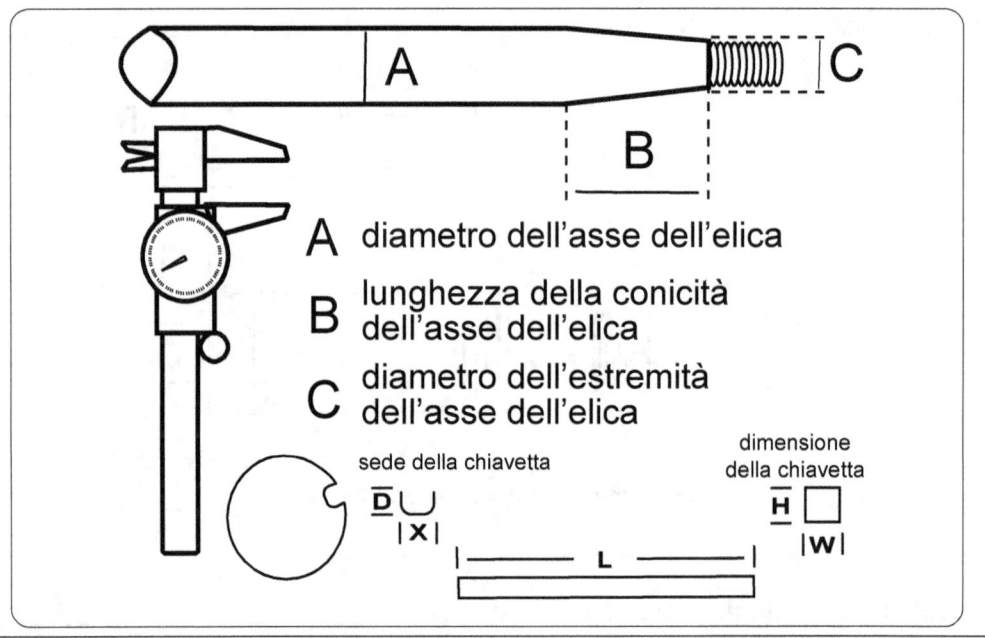

A diametro dell'asse dell'elica

B lunghezza della conicità dell'asse dell'elica

C diametro dell'estremità dell'asse dell'elica

sede della chiavetta   dimensione della chiavetta

Conicità asse elica per montare l'elica   misure in   mm ◯ inch* ◯

A Diametro dell'asse _____ Filettatura** _____

B Lunghezza conicità dell'asse _____ C Diametro finale asse _____

L Lunghezza chiavetta _____

D Profondità gola per chiavetta _____ H Spessore chiavetta _____

W Larghezza chiavetta _____ W Largura da chave _____

  * per maggior precisione usare pollici decimali

  ** metrico: distanza tra i filetti Inch: filetti/pollice

Note _____

Eliche

Elica di motore di DRITTA

Tipo di elica   fissa ⬭   a bandiera ⬭   chiudibile ⬭   Rotazione:

Materiale di costruzione   bronzo ⬭   acciaio inox ⬭   Sinistrorsa (Anrioraria / LH) ⬭

alluminio ⬭   Destrorsa (Oraria) (RH) ⬭

N° di pale   2 ⬭   3 ⬭   4 ⬭   5 ⬭

Dimensioni dell'elica   Diametro _____ cm/pol. Passo _____cm/pol.

Marca e N° di serie _____

Numero dell'elica (es. 18 LH 12) _____ Data istallazione _____

---

3 tipos de hélices

elica abbattibile
– aperta   chiusa

elica a bandiera

Repertorio

16 RH 14

fissa
codice elica

Conicità asse elica per montare l'elica   misure in   mm ⬭   inch* ⬭

A   Diametro dell'asse _____ Filettatura** _____

B   Lunghezza conicità dell'asse _____ C   Diametro finale asse _____

L   Lunghezza chiavetta _____

D   Profondità gola per chiavetta _____ H   Spessore chiavetta _____

W   Larghezza chiavetta _____ W   Largura da chave _____

   * per maggior precisione usare pollici decimali
   ** metrico: distanza tra i filetti Inch: filetti/pollice

Note _____

Saildrives

Saildrive di SINISTRA

Marca e modello _____

N° di serie _____ Data istallazione _____

Data istallazione/sostituzione tenuta scafo _____

Capacità olio piede motore _____Litri

Olio utilizzato – marca e tipo _____

N° di anodi _____ Tipo   zinco ⃝   alluminio ⃝   magnesio ⃝

Posizione anodo _____ Parte N° _____

Posizione anodo _____ Parte N° _____

Posizione anodo _____ Parte N° _____

Manuale Utente Saildrive* ⃝ Manuale d'Officina ⃝ Lista ricambi ⃝ cartaceo ⃝ pdf ⃝

L'elenco completo dei manuali è a pag. 33

Saildrive di DRITTA

Marca e modello _____

N° di serie _____ Data istallazione _____

Data istallazione/sostituzione tenuta scafo _____

Capacità olio piede motore _____Litri

Olio utilizzato – marca e tipo _____

N° di anodi _____ Tipo   zinco ⃝   alluminio ⃝   magnesio ⃝

Posizione anodo _____ Parte N° _____

Posizione anodo _____ Parte N° _____

Posizione anodo _____ Parte N° _____

Manuale Utente Saildrive* ⃝ Manuale d'Officina ⃝ Lista ricambi ⃝ cartaceo ⃝ pdf ⃝

Altri motori – generatore, fuoribordo, ecc.

Motore   Marca e modello _____ Anno _____

Carburante   diesel ⬭   benzina ⬭   altro ⬭ _____

Numero di matricola _____ Potenza (HP kW) _____ N° cilindri _____

Ore motore _____ Data _____

Ore motore _____ Data _____

Senso di rotazione _____ rpm   Revisione/Rifacimento _____

Manualistica Motore   Utente ⬭   Officina ⬭   Lista Ricambi ⬭   cartaceo ⬭   pdf ⬭

Ubicazione _____

Vedi lista completa a pag. 33

Repertorio

Motore   Marca e modello _____ Anno _____

Carburante   diesel ⬭   benzina ⬭   altro ⬭ _____

Numero di matricola _____ Potenza (HP kW) _____ N° cilindri _____

Ore motore _____ Data _____

Ore motore _____ Data _____

Senso di rotazione _____ rpm   Revisione/Rifacimento _____

Manualistica Motore   Utente ⬭   Officina ⬭   Lista Ricambi ⬭   cartaceo ⬭   pdf ⬭

Ubicazione _____

Note _____

_____

_____

_____

_____

_____

Lista ricambi – Articoli per manutenzione del motore

articolo	q.tà	ubicazione
filtro separatore carburante		
filtro secondario carburante		
filtri olio		
cinghie		
anodi		
giranti		
olio motore		
olio invertitore		
liquido raffreddamento		

Note _____

_____

Lista ricambi – Parti del motore

articolo	ubicazione
pompa carburante	
pompa iniezione	
tubi iniezione (completo)	
ilniettori	
anelli rame (tenute iniettori)	
pompa acqua di mare	
termostato	
alternatore	
tubazioni	

Manuali

Motore di SINISTRA

Manuale Utente ☐   Manuale d'Officina ☐   Lista Ricambi ☐

Ubicazione _____   cartaceo ☐   pdf ☐

Motor de DRITTA

Manuale Utente ☐   Manuale d'Officina ☐   Lista Ricambi ☐

Ubicazione _____   cartaceo ☐   pdf ☐

Invertitore di SINISTRA

Manuale Utente ☐   Manuale d'Officina ☐   Lista Ricambi ☐

Ubicazione _____   cartaceo ☐   pdf ☐

Invertitore di DRITTA

Manuale Utente ☐   Manuale d'Officina ☐   Lista Ricambi ☐

Ubicazione _____ cartaceo ☐   pdf ☐   **Inventário**

Manuali Elettricità motore di SINISTRA   Batteria ☐   Alternadore ☐   Regolatore ☐

Ubicazione _____   cartaceo ☐   pdf ☐

Manuali Elettricità motore di DRITTA   Batteria ☐   Alternadore ☐   Regolatore ☐

Ubicazione _____   cartaceo ☐   pdf ☐

Manuale del Premitreccia del SINISTRA ☐   **Manuale del Premitreccia del DRITTA** ☐

Ubicazione _____   cartaceo ☐   pdf ☐

Manuale dell'Elica di SINISTRA ☐   **Manuale dell'Elica di DRITTA** ☐

Ubicazione _____   cartaceo ☐   pdf ☐

Manuale Saildrive di SINISTRA

Manuale Utente ☐   Manuale d'Officina ☐   Lista Ricambi ☐

Ubicazione _____   cartaceo ☐   pdf ☐

Manuale Saildrive di DRITTA

Manuale Utente ☐   Manuale d'Officina ☐   Lista Ricambi ☐

Ubicazione _____   cartaceo ☐   pdf ☐

Altri Manuali _____

Altre Attrezzature

Altre Attrezzature

Repertorio

Attività e Programma di Manutenzione

Nel testo Marine Diesel Basics 1 disegni chiari e testo semplice mostrano come svolgere questi compiti.

GIORNALMENTE o prima dell'avvio	Motore di **SINISTRA**	Motore di **DRITTA**
ispezione visiva vano motore		
controllo tensione cinghia		
controllo carica batteria/e e voltaggio		
controllo livello olio		
controllo liquido raffreddamento ed eventuale rabbocco		

Vedi Schemi di Ispezione a pagg. 46 – 61

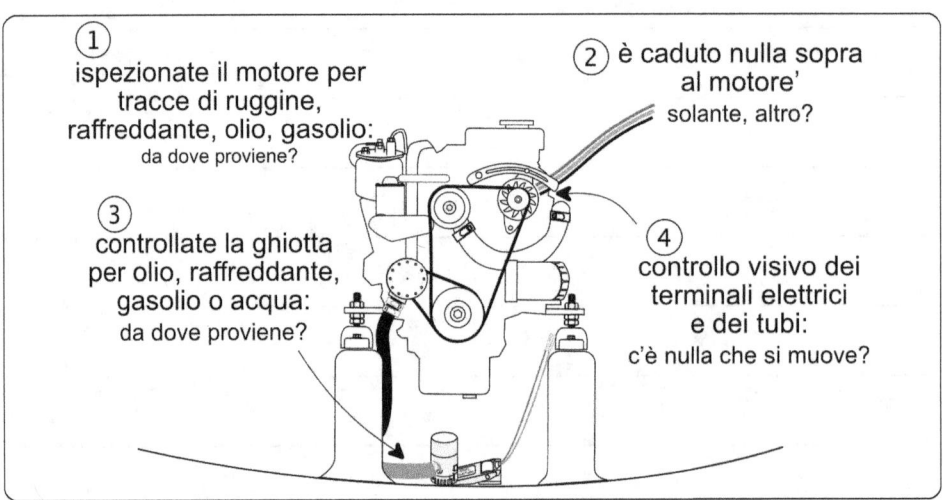

① ispezionate il motore per tracce di ruggine, raffreddante, olio, gasolio: da dove proviene?

② è caduto nulla sopra al motore' solante, altro?

③ controllate la ghiotta per olio, raffreddante, gasolio o acqua: da dove proviene?

④ controllo visivo dei terminali elettrici e dei tubi: c'è nulla che si muove?

SETTIMANALE	Motore di **SINISTRA**	Motore di **DRITTA**
livello fluido invertitore		
controllo tubi e fascette		
verifica e sostituzione antiusura		
controllo cinghia/cinghie		
verifica condizioni raffreddamento		
diagnosi astina – olio motore		
diagnosi astina – olio invertitore		
controllo voltaggio batterie con multimetro a circuito aperto		

Attività e Programma di Manutenzione

MENSILI	Motore di SINISTRA	Motore di DRITTA
ispezionare pulegge		
controllare allineamento pulegge e cinghie		
regolare allineamento delle pulegge, se necessario		
tendere cinghie dell'alternatore e della pompa dell'acqua		
pulire attorno a iniettori e pompa di iniezione		
controllare l'antisifone e se del caso, vuotarlo		

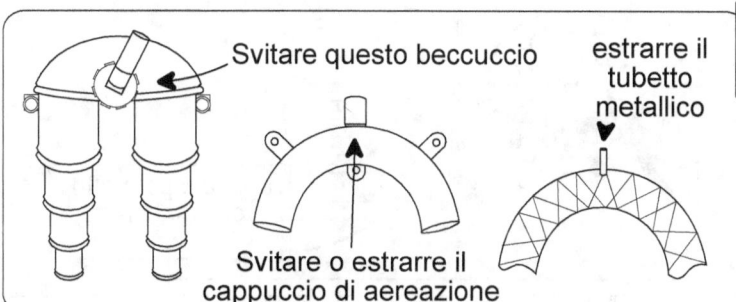

Svitare questo beccuccio

Svitare o estrarre il cappuccio di aereazione

estrarre il tubetto metallico

Un anti-sifone bloccato può consentire all'acqua di mare di allagare il motore

Liste delle Manutenzioni

controllare e pulire, se del caso, il filtro aria		
mantenere i connettori delle batterie stretti		
pulire terminali e superfice superiore delle batterie		
controllare il livello di elettrolita (nelle batterie ad acido libero)		
abrasivare (alla bisogna) elica, supporto e albero		

OGNI 3 MESI	Motore di SINISTRA	Motore di DRITTA
ispezionare carico gasolio in coperta		
aggiungere il biocida nel/i serbatoio/i quando si fa il pieno		
controllare la corretta aereazione nel vano motore		
controllare l'accoppiamento tra invertitore ed asse elica		
controllare cuffia e tenute dell'asse		

Attività e Programma di Manutenzione

STAGIONALMENTE	Motore di **SINISTRA**	Motore di **DRITTA**
sostituire olio motore e filtro (cfr. manuale del motore)		
sostituire il fluido nella trasmissione /invertitore		
controllare le condizioni dei supporti del motore		
ingrassaggio dei terminali dei cavi di comando e filettature di spessoramento del moto		
controllare la pompa d'iniezione e il livello dell'astina (se presente)		

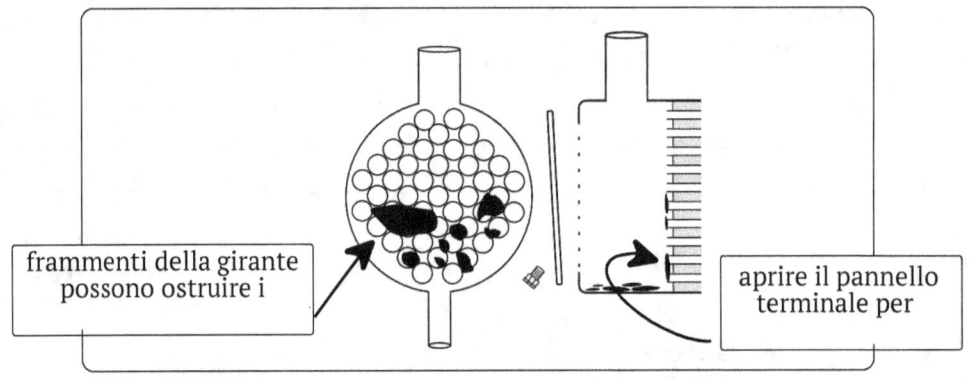

frammenti della girante possono ostruire i

aprire il pannello terminale per

OGNI 6 MESI	Motore di **SINISTRA**	Motore di **DRITTA**
controllare e sostituire anodi scambiatore		
controllare anodo elica		
contollare anodo elica a bandiera		

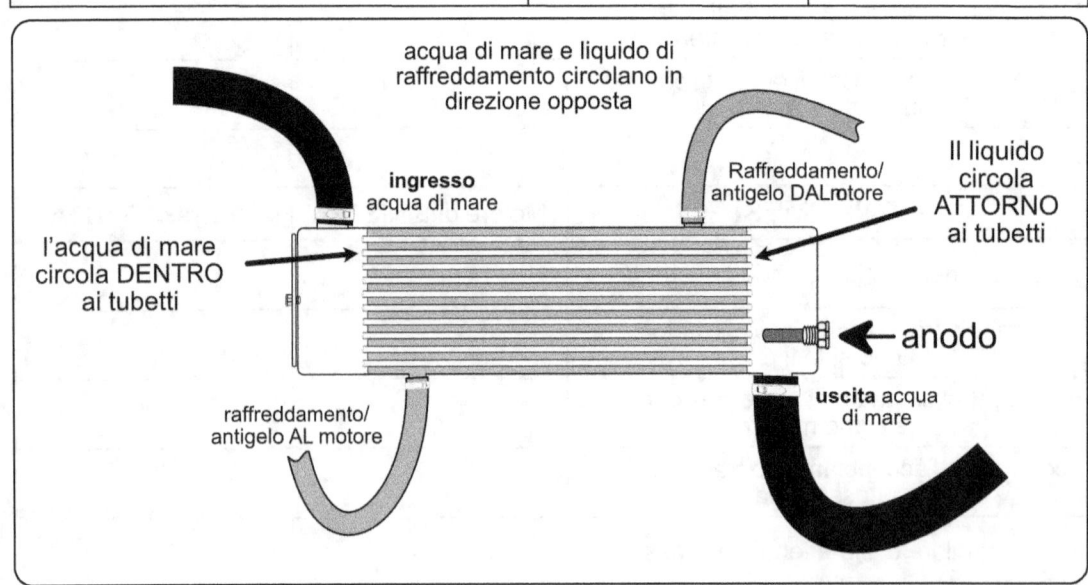

acqua di mare e liquido di raffreddamento circolano in direzione opposta

ingresso acqua di mare

Raffreddamento/ antigelo DALmotore

Il liquido circola ATTORNO ai tubetti

l'acqua di mare circola DENTRO ai tubetti

← anodo

raffreddamento/ antigelo AL motore

uscita acqua di mare

Attività e Programma di Manutenzione

ANNUALI	Motore di **SINISTRA**	Motore di **DRITTA**
cambiare il filtro separatore (cartuccia 10 micron)		
cambiare filtro gasolio sul motore (cartuccia 2 micron)		
spurgare il sistema (se occorre)		
controllare il serbatoio per contaminanti		
lubrificare sede chiave accensione		
pulire passascafo acqua di mare		
controllare coni di emergenza sulle prese a mare		

Vedi Disegni per i controlli alle pagine 46 – 61

1. spurgare acqua e sedimenti dal fondo del serbatoio del combustibile
2. attendere per 10 minuti che si depositino acqua e sedimenti
3. togliere l'acqua dal serbatoio e dal filtro separatore

carburante
acqua
piccoli sedimenti

Liste delle Manutenzioni

controllare apertura/chiusura facile delle valvole a mare		
controllare filtro acqua di mare (tutto l'insieme, non solo il cestello)		
controllare la girante in gomma della pompa acqua di mare		
inspecionar e reparar o isolador termo acústico		
controllare sottocarico ognuna delle batterie a 12 V		
controllare l'asse dell'elica		
controllare la boccola autolubrificante		
controllare il supporto dell'asse		
controllare l'elica		

Attività e Programma di Manutenzione

Marine Diesel Basics 1 apresenta como realizar estas tarefas com desenhos claros e textos simples.

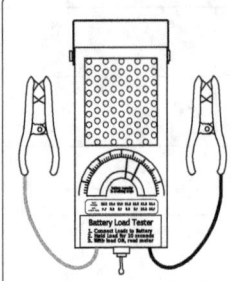

Un misuratore di carica indica quanto funziona bene una batteria sottoposta ad un carico. Una batteria a 12V potrebbe risultare pienamente caricata (12,65V) ma non riuscire ad avviare il motore a causa di una capacità ridotta, solitamente causata dalla solfatazione.

Il voltaggio di una batteria in buone condizioni dovrebbe mostrare una diminuzione minime o nulla se sottoposta ad un carico per 10 secondi.

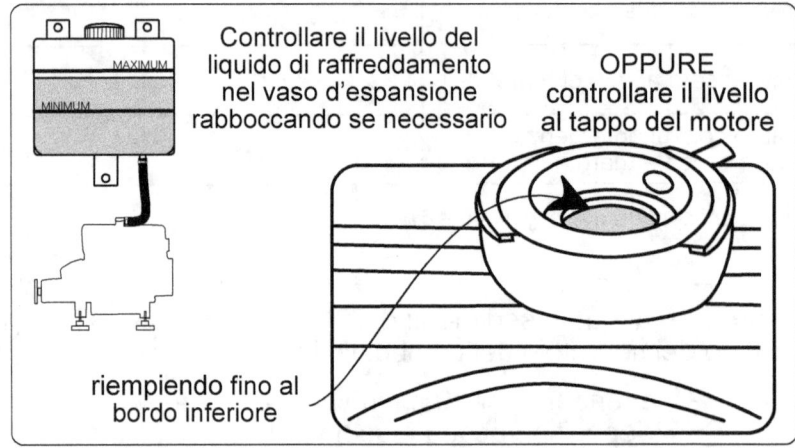

Controllare il livello del liquido di raffreddamento nel vaso d'espansione rabboccando se necessario

OPPURE controllare il livello al tappo del motore

riempiendo fino al bordo inferiore

1 – 2 ANNI	Motore di SINISTRA	Motore di DRITTA
svuotare e sostituire il liquido di raffreddamento esausto		
controllare l'interno del riser di scarico (scarico bagnato)		
ingrassare l'elica a pale orientabili		

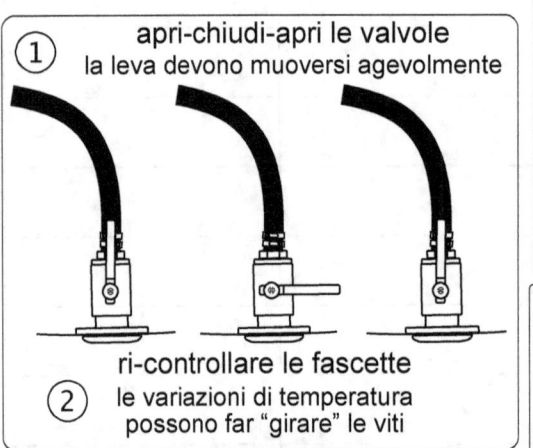

① apri-chiudi-apri le valvole
la leva devono muoversi agevolmente

ri-controllare le fascette
② le variazioni di temperatura possono far "girare" le viti

Valvole a mare - verificare - aprire - chiudere - aprire

controllare che i dadi siano serrati

controllare attentamente che i dadi non presentino segni di usura:
i dadi e l'elica potrebbero essere allentati

controllare che la coppiglia sia in sede: sostituirla se rotta, piegare le estremità verso l'asseverso l'asse

una valvola di intercettazione bloccata è un pericolo per l'imbarcazione e per chiunque a bordo

una valvola conica può essere sottoposta a manutenzione

le valvole a sfera possono solo essere sostituite

Saildrive - Attività e Programma di Manutenzione

GIORNALIERA	Motore di SINISTRA	Motore di DRITTA
controllare e rabboccare olio nel piedino		

MENSILE	Motore di SINISTRA	Motore di DRITTA
ispezionare e ritoccare la vernice protettiva		
pulire la presa dell'acqua di mare		

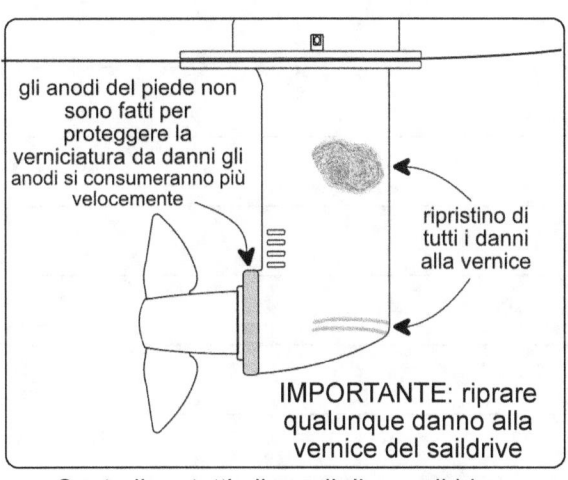

gli anodi del piede non sono fatti per proteggere la verniciatura da danni gli anodi si consumeranno più velocemente

ripristino di tutti i danni alla vernice

IMPORTANTE: riprare qualunque danno alla vernice del saildrive

Controllare tutti gli anodi di un saildrive

la parti interna ed esterna sono protette da propri anodi

non rimuovere questo anodo con la barca in acqua – fa parte del circuito di raffreddamento

Liste delle Manutenzioni

leggere il manuale del Saildrive per trovare l'ubicazione degli anodi specifica per il modello

100 – 250 ORE*	Motore di SINISTRA	Motore di DRITTA
cambiare olio nel piedino		
spurgare aria dall'astina di livello		

Seguire le raccomandazioni del manuale del produttore

OGNI 6 MESI	Motore di SINISTRA	Motore di DRITTA
controllare gli anodi del Saildrive		

ANNUALMENTE	Motore di SINISTRA	Motore di DRITTA
controllare guarnizione passascafo all'esterno		
controllare guarnizione passascafo all'interno e l'allarme del sensore acqua		
controllare l'elica		
lubrificare l'elica con pale a bandiera		

Annotazioni di Manutenzione

Annotazioni di Manutenzione

Liste delle Manutenzioni

Annotazioni di Manutenzione

Annotazioni di Manutenzione

Liste delle Manutenzioni

Elenco dei Controlli

Nel testo *Marine Diesel Basics 1* disegni chiari e testo semplice
mostrano come svolgere questi compiti.

Controllo bocchettone imbarco gasolio in coperta

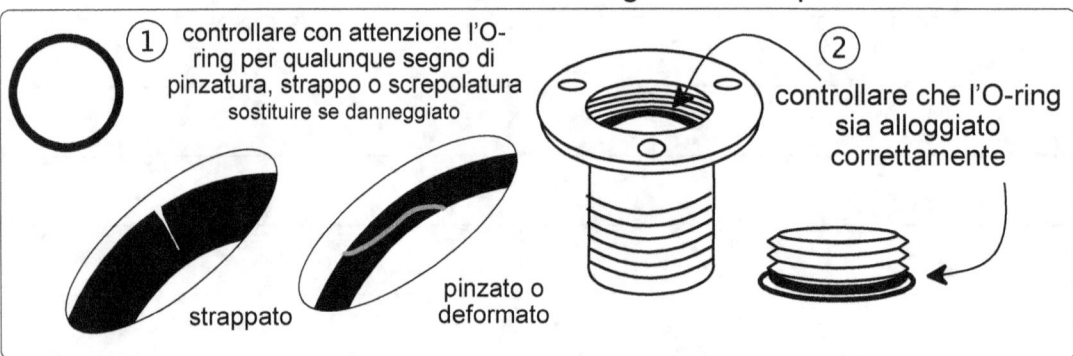

controllare con attenzione l'O-ring per qualunque segno di pinzatura, strappo o screpolatura
sostituire se danneggiato

strappato   pinzato o deformato

controllare che l'O-ring sia alloggiato correttamente

Diagnosi con l'astina dell'olio

Livello Olio
annotare livello e rabbocchi nel Diario di Manutenzione

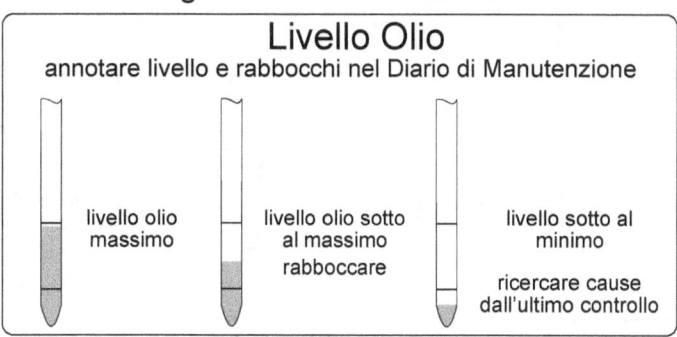

livello olio massimo

livello olio sotto al massimo
rabboccare

livello sotto al minimo

ricercare cause dall'ultimo controllo

Variazione del livello dell'olio dall'ultimo controllo
Annotare nel Diario della Manutenzione

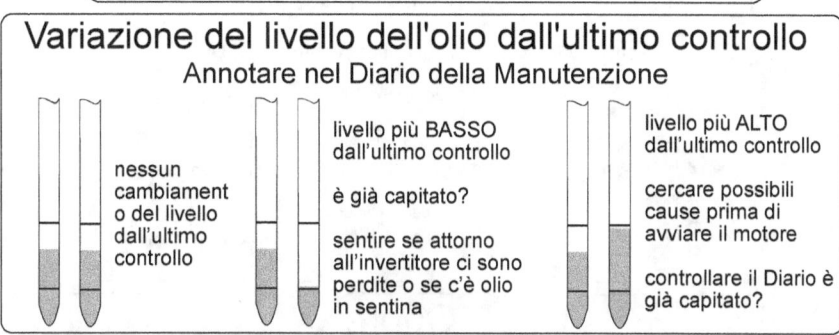

nessun cambiamento del livello dall'ultimo controllo

livello più BASSO dall'ultimo controllo

è già capitato?

sentire se attorno all'invertitore ci sono perdite o se c'è olio in sentina

livello più ALTO dall'ultimo controllo

cercare possibili cause prima di avviare il motore

controllare il Diario è già capitato?

Colore dell'olio
Notare i cambiamenti dall'ultimo controllo nel Diario di Manutenzione

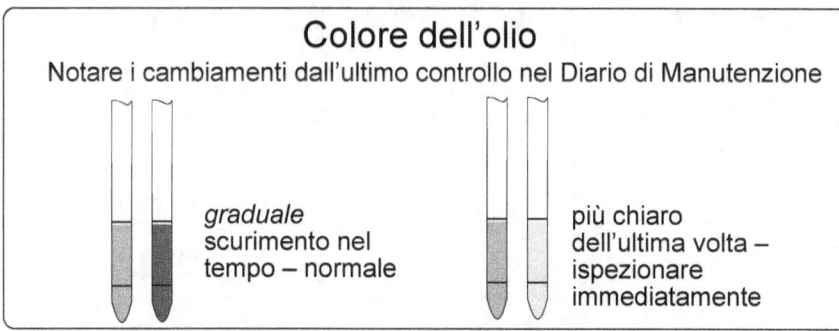

graduale scurimento nel tempo – normale

più chiaro dell'ultima volta – ispezionare immediatamente

Ispezione

Odore dell'olio

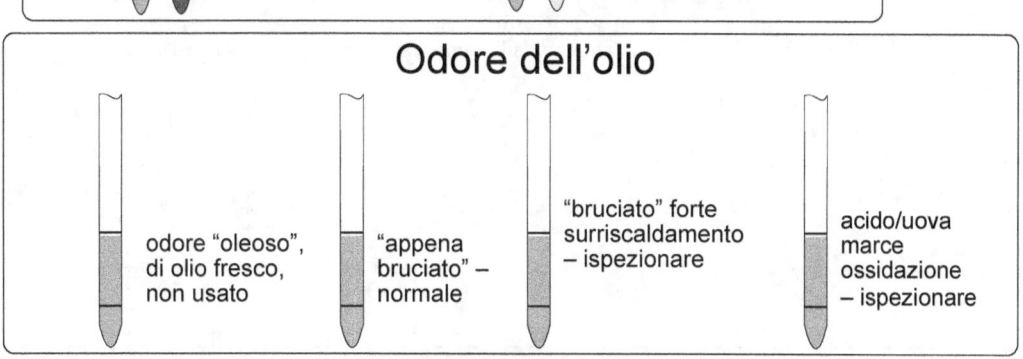

odore "oleoso", di olio fresco, non usato

"appena bruciato" – normale

"bruciato" forte surriscaldamento – ispezionare

acido/uova marce ossidazione – ispezionare

Consistenza dell'olio

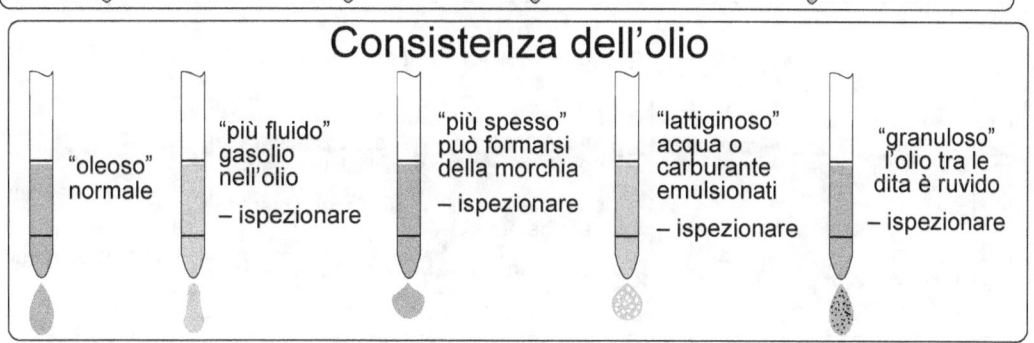

"oleoso" normale

"più fluido" gasolio nell'olio – ispezionare

"più spesso" può formarsi della morchia – ispezionare

"lattiginoso" acqua o carburante emulsionati – ispezionare

"granuloso" l'olio tra le dita è ruvido – ispezionare

Diagnosi liquido della Trasmissione / Invertitore

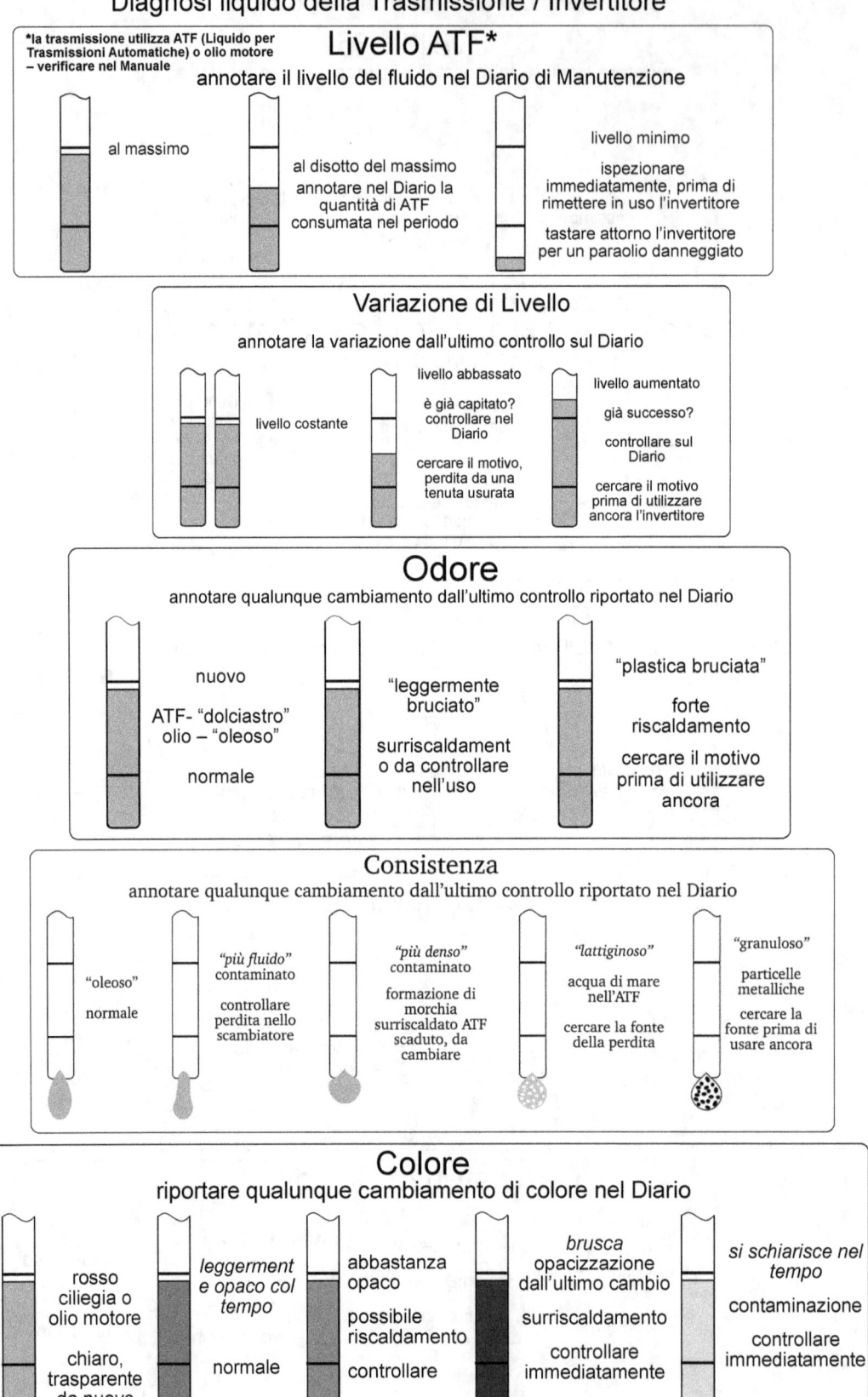

Livello ATF*

*la trasmissione utilizza ATF (Liquido per Trasmissioni Automatiche) o olio motore – verificare nel Manuale

annotare il livello del fluido nel Diario di Manutenzione

al massimo

al disotto del massimo
annotare nel Diario la quantità di ATF consumata nel periodo

livello minimo

ispezionare immediatamente, prima di rimettere in uso l'invertitore

tastare attorno l'invertitore per un paraolio danneggiato

Variazione di Livello

annotare la variazione dall'ultimo controllo sul Diario

livello costante

livello abbassato

è già capitato? controllare nel Diario

cercare il motivo, perdita da una tenuta usurata

livello aumentato

già successo?

controllare sul Diario

cercare il motivo prima di utilizzare ancora l'invertitore

Odore

annotare qualunque cambiamento dall'ultimo controllo riportato nel Diario

nuovo

ATF- "dolciastro"
olio – "oleoso"

normale

"leggermente bruciato"

surriscaldamento da controllare nell'uso

"plastica bruciata"

forte riscaldamento

cercare il motivo prima di utilizzare ancora

Consistenza

annotare qualunque cambiamento dall'ultimo controllo riportato nel Diario

"oleoso"

normale

"più fluido"
contaminato

controllare perdita nello scambiatore

"più denso"
contaminato

formazione di morchia surriscaldato ATF scaduto, da cambiare

"latticinoso"

acqua di mare nell'ATF

cercare la fonte della perdita

"granuloso"

particelle metalliche

cercare la fonte prima di usare ancora

Colore

riportare qualunque cambiamento di colore nel Diario

rosso ciliegia o olio motore

chiaro, trasparente da nuovo

leggermente opaco col tempo

normale

abbastanza opaco

possibile riscaldamento

controllare

brusca opacizzazione dall'ultimo cambio

surriscaldamento

controllare immediatamente

si schiarisce nel tempo

contaminazione

controllare immediatamente

Astina del livello che "balla"? Controllare il corretto inserimento

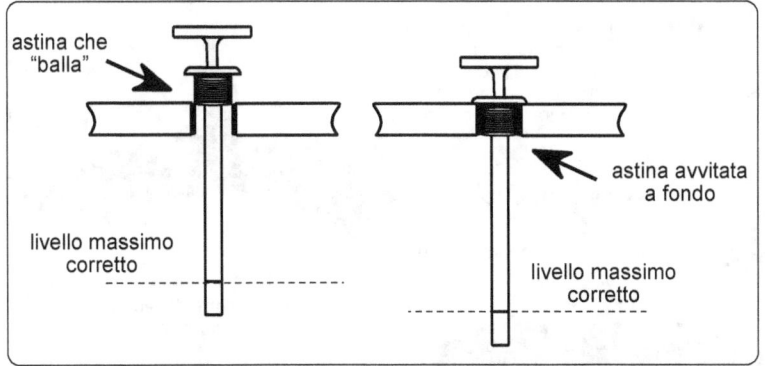

astina che
"balla"

astina avvitata
a fondo

livello massimo
corretto

livello massimo
corretto

Controllare sul Manuale
se l'astina deve essere
svitata per misurare il
corretto livello di liquido

Controllare Tubazioni e Fascette

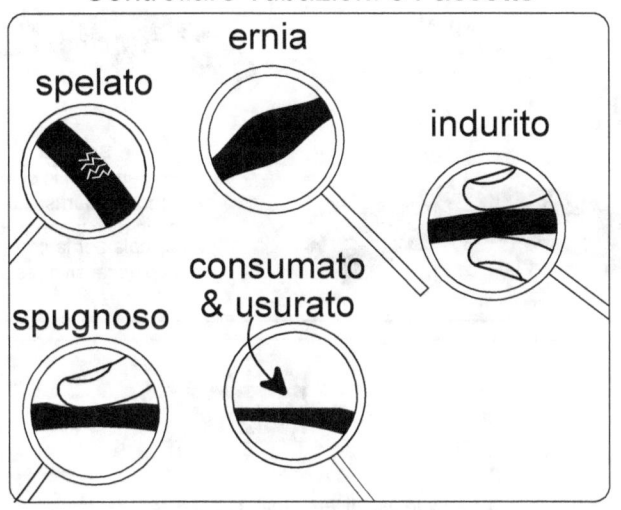

ernia

spelato

indurito

consumato
& usurato

spugnoso

1 la pratica migliore è di ispezionare tutte le fascette corretto
regolarmente almeno ogni tre mesi

in particolare, quelle di difficile accesso che sono spesso trascurate

ALL STAINLESS

2 oni e controllare fascette che la fascetta si
muova quando si gira la vite

ernia La fascetta deve essere ben stretta ma non forzata

3 sostituire la fascetta se la vite esce dalla
sede, o se gira ma la fascetta non si muove

spesso dipende da corrosione del metallo

4 sostituire la fascetta
se rotta

5 controllare e cercare nella parte
sottostante la ruggine

l'acciaio inox non arrugginisce

Controllo di Cavi e Terminali

cavi danneggiati facilitano problemi
corrosioni
resistenza elettrica
indebolimento dei fili elettrici
vie per correnti vaganti
guasti elettrici
guasti intermittenti

la prassi migliore è di usare
cavi marini di qualità
Istallandoli con cura, con
supporti proteggendoli da
carburante, olio e grasso

gasolio, olio e grasso
riducono l'isolamento tenere
i cavi puliti

fili spezzati
causano correnti vaganti
& interruzioni casuali

usurati e abrasi
spesso sono trascurate
scorrere i cavi con le dita
usare protezioni dall'attrito

tagliati
consentono all'umidità di entrare
provocati da età o calore

sciolti
contatto con lo scarico
motore surriscaldato
cavo di sezione troppo
piccola per la corrente
carico eccessivo resistenza

tagli, scalfiti fessurati
permettono l'entrata
dell'umidità
sono fonte di correnti vaganti
e di interruzioni casuali

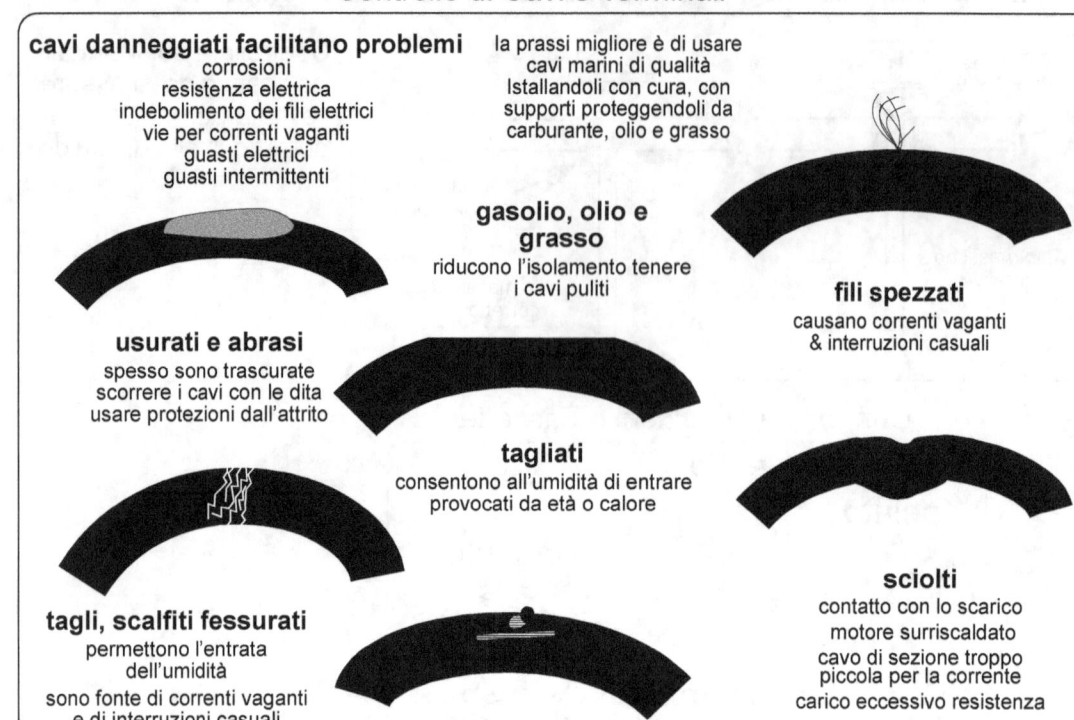

in ambiente marino cavi di
bassa qualità e processi di
installazione scadenti
rendono i problemi inevitabili

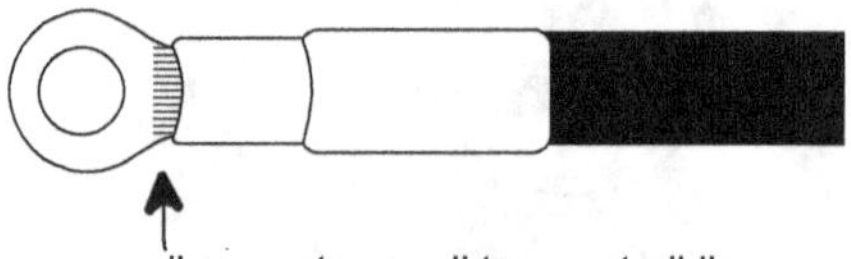

il mancato uso di termoretraibile
permette all'umido di penetrare
tra i singoli fili accelerando
l'aumento della resistenza

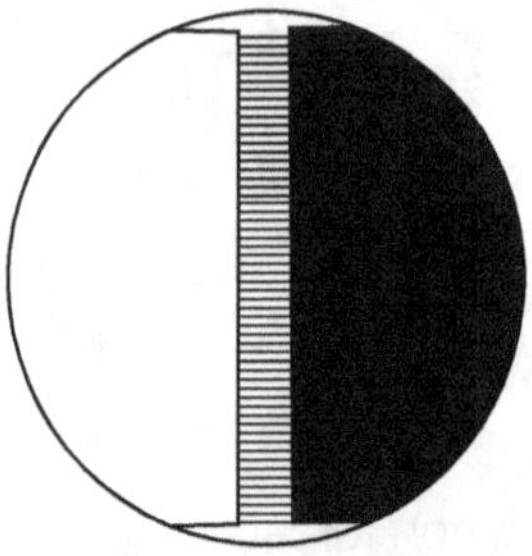

lasco – assemblaggio scarso
consente all'umidità di penetrare
il cavo flette sul punto più debole

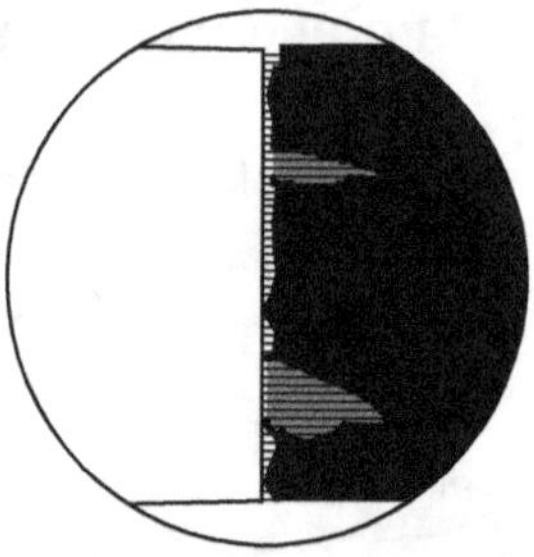

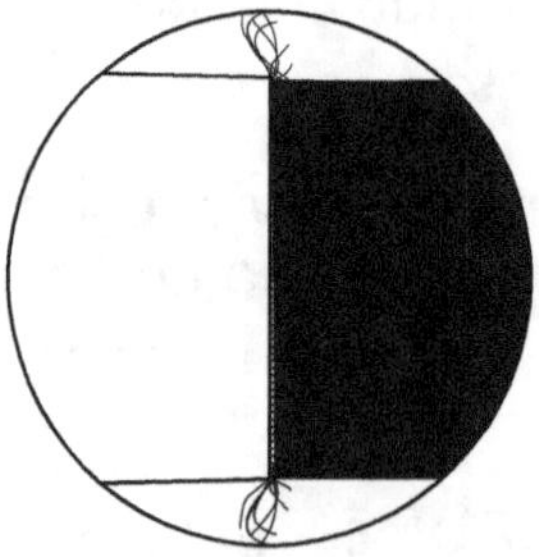

fili volanti – scarso assemblaggio
causano interruzioni casuali e correnti vaganti
tagliare o coprire con nastro isolante

isolamento fessurato o rotto
isolare con nastro o sostituire il cavo

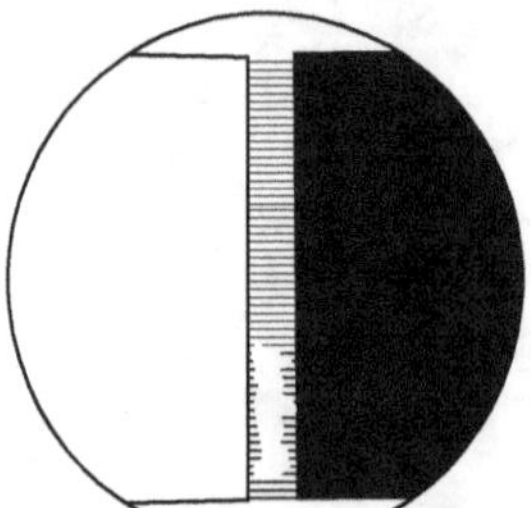

fili rotti
sollecitazioni o vibrazioni sul cavo
rifare il collegamento, dando
maggior sostegno al cavo
oppure sostituire con cavo più lungo

Controllare la pompa dell'acqua di mare

le pompe più vecchie usavano una guarnizione di carta I modelli più recenti usano un O-ring di gomma

rimuovere ogni residuo di guarnizione di carta
la lama di un taglierino funziona bene

controllare il coperchio per segni o usure
passare con smeriglio fine o spugnetta abrasiva

il coperchio perfettamente piatto previene le perdite

controllare la sede dell'O-ring per sporco o graffi

rovesciare il coperchio se è molto segnato all'interno

controllare l'O-ring per segni di pinzature, strappi, fessure
ogni difetto causa perdite

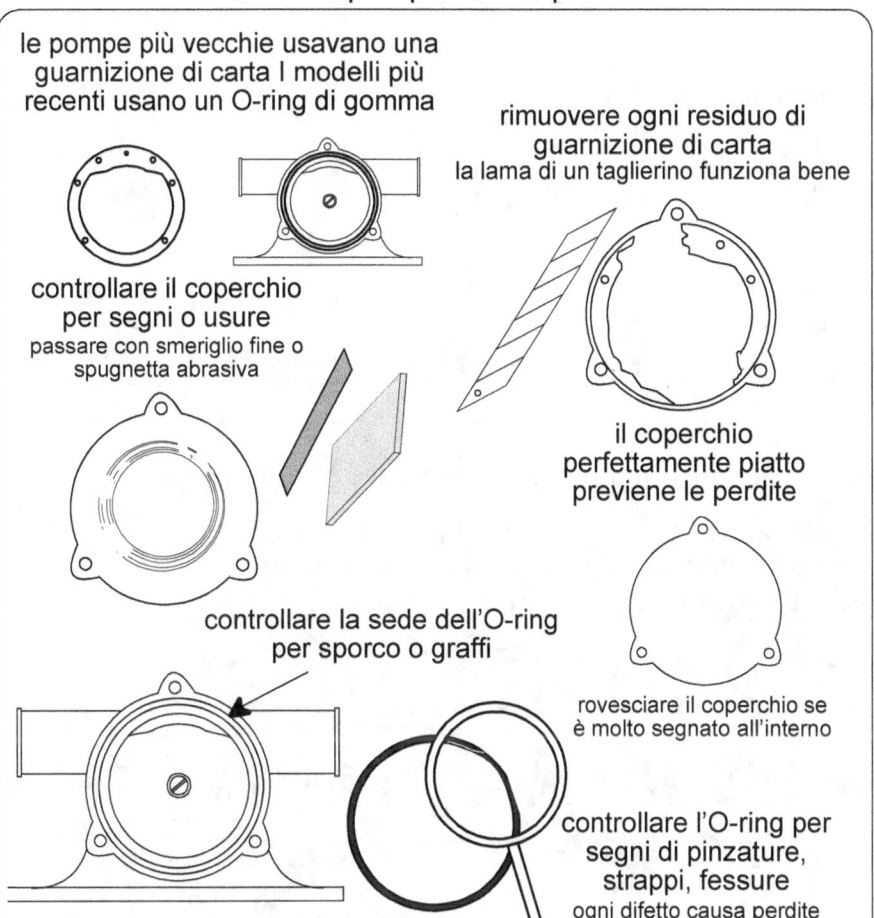

Controllare la Girante in Gomma

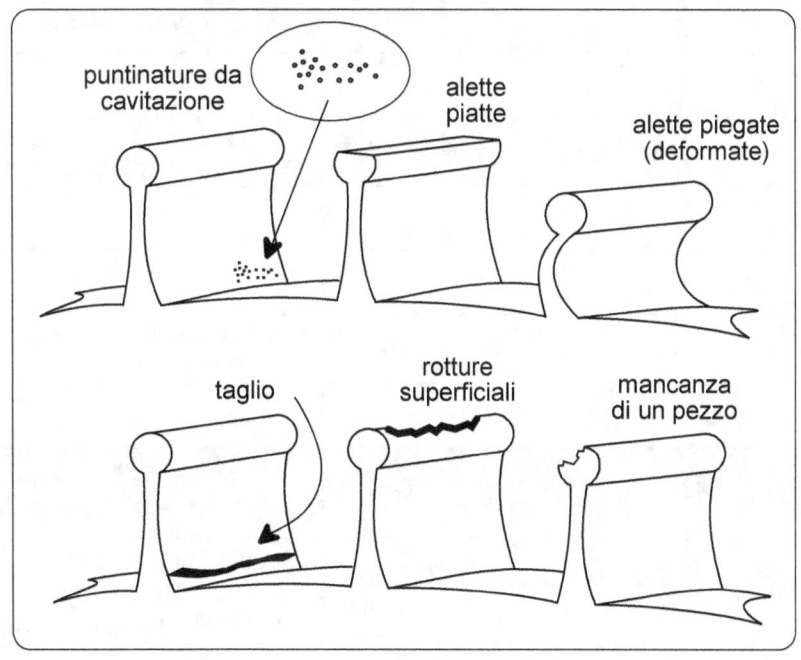

puntinature da cavitazione

alette piatte

alette piegate (deformate)

taglio

rotture superficiali

mancanza di un pezzo

Controllare gli Anodi

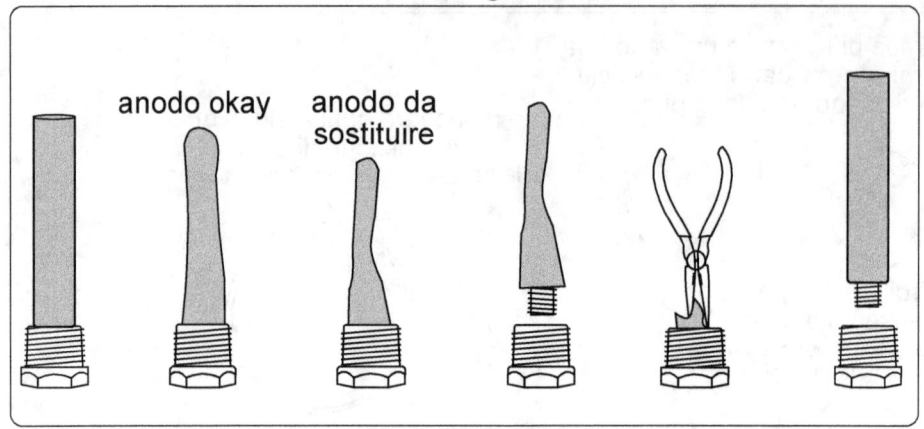

anodo okay   anodo da sostituire

Usare vecchi Tubi per proteggere dallo sfregamento

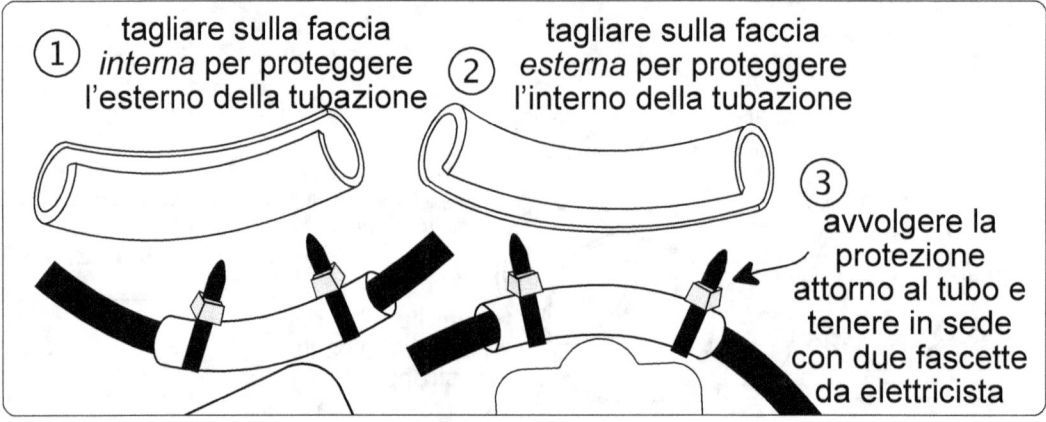

① tagliare sulla faccia *interna* per proteggere l'esterno della tubazione

② tagliare sulla faccia *esterna* per proteggere l'interno della tubazione

③ avvolgere la protezione attorno al tubo e tenere in sede con due fascette da elettricista

Controllo Antigelo / Raffreddamento

Trasparenza		Intervento necessario
trasparente	normale	
opaco	liquidi diversi mischiati tra loro	svuotare, risciacquare e mettere liquido nuovo
Colore		
chiaro, limpido	normale	
marroncino	liquidi diversi mischiati tra loro	svuotare, risciacquare e mettere liquido nuovo
Contaminazione		
granelli sedimentati	deposito di aditivi, ruggine, calcare	svuotare, risciacquare e mettere liquido nuovo
gocce di olio	vazamento de óleo do motor para o fluido de arrefecimento	controllare il radiatore dell'olio perdita da un cilindro perdita dalla guarnizione della testata

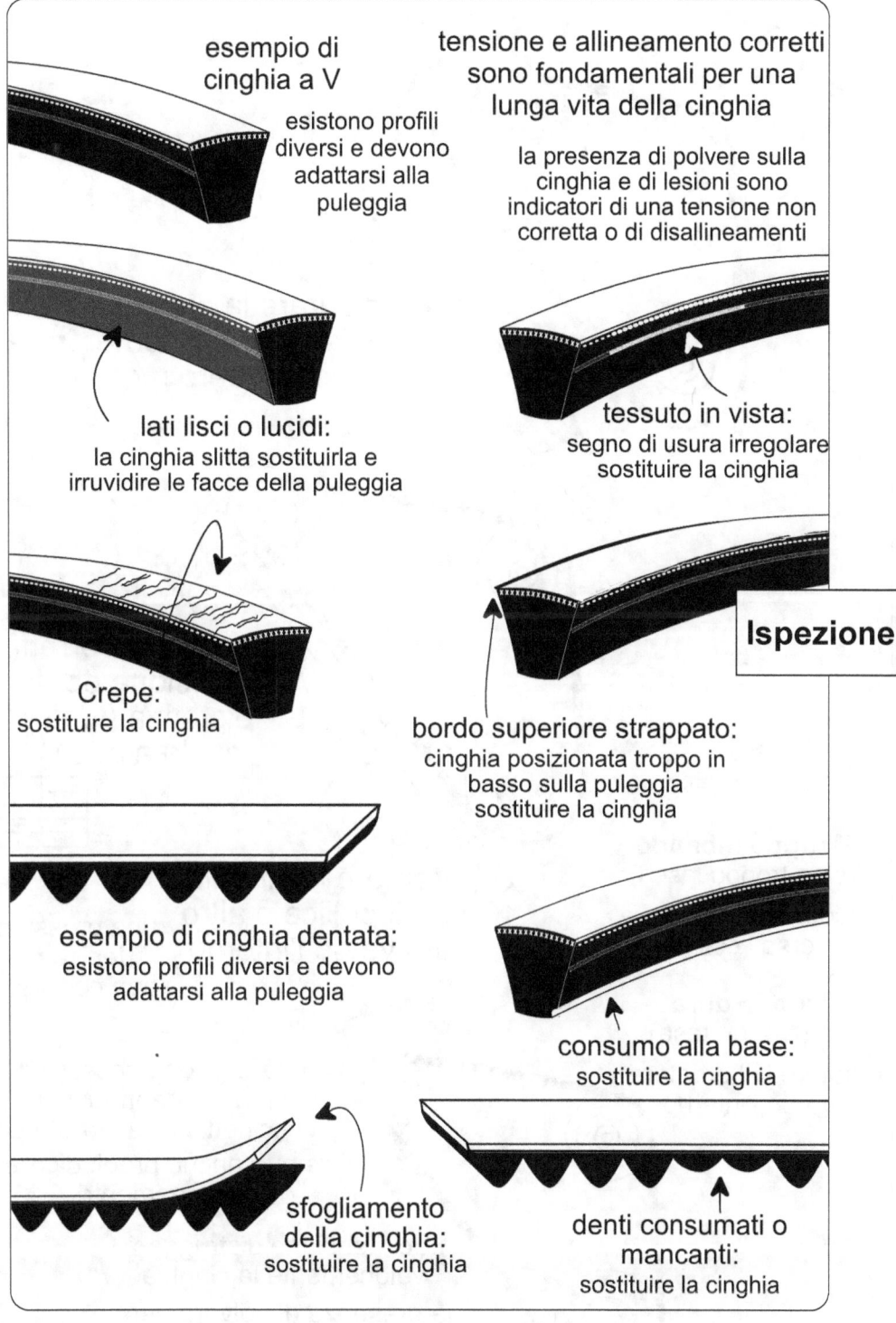

esempio di
cinghia a V

esistono profili
diversi e devono
adattarsi alla
puleggia

tensione e allineamento corretti
sono fondamentali per una
lunga vita della cinghia

la presenza di polvere sulla
cinghia e di lesioni sono
indicatori di una tensione non
corretta o di disallineamenti

lati lisci o lucidi:
la cinghia slitta sostituirla e
irruvidire le facce della puleggia

tessuto in vista:
segno di usura irregolare
sostituire la cinghia

Ispezione

Crepe:
sostituire la cinghia

bordo superiore strappato:
cinghia posizionata troppo in
basso sulla puleggia
sostituire la cinghia

esempio di cinghia dentata:
esistono profili diversi e devono
adattarsi alla puleggia

consumo alla base:
sostituire la cinghia

sfogliamento
della cinghia:
sostituire la cinghia

denti consumati o
mancanti:
sostituire la cinghia

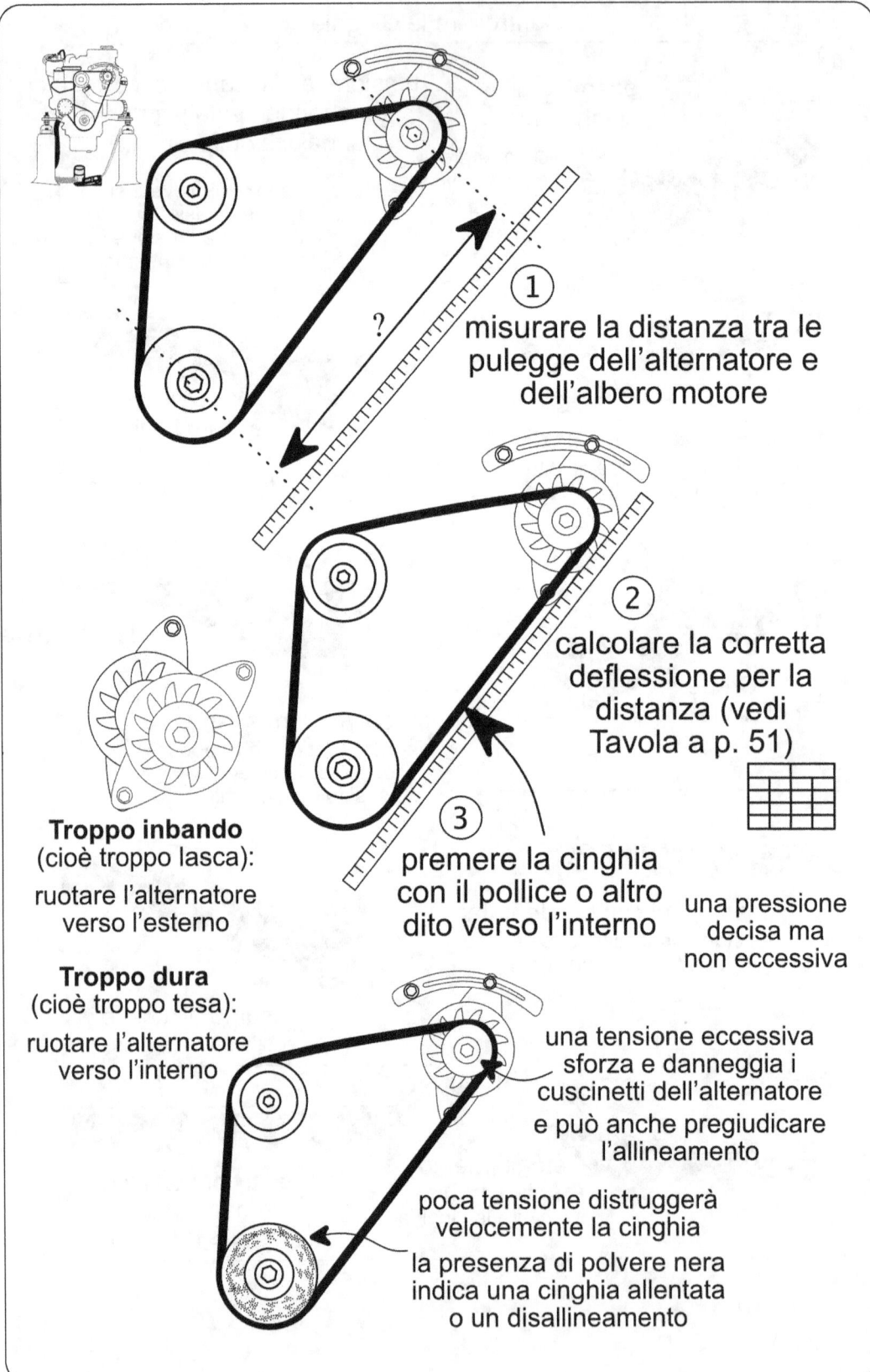

1 misurare la distanza tra le pulegge dell'alternatore e dell'albero motore

?

2 calcolare la corretta deflessione per la distanza (vedi Tavola a p. 51)

3 premere la cinghia con il pollice o altro dito verso l'interno

una pressione decisa ma non eccessiva

Troppo inbando
(cioè troppo lasca):
ruotare l'alternatore verso l'esterno

Troppo dura
(cioè troppo tesa):
ruotare l'alternatore verso l'interno

una tensione eccessiva sforza e danneggia i cuscinetti dell'alternatore

e può anche pregiudicare l'allineamento

poca tensione distruggerà velocemente la cinghia

la presenza di polvere nera indica una cinghia allentata o un disallineamento

Controllare le pulegge

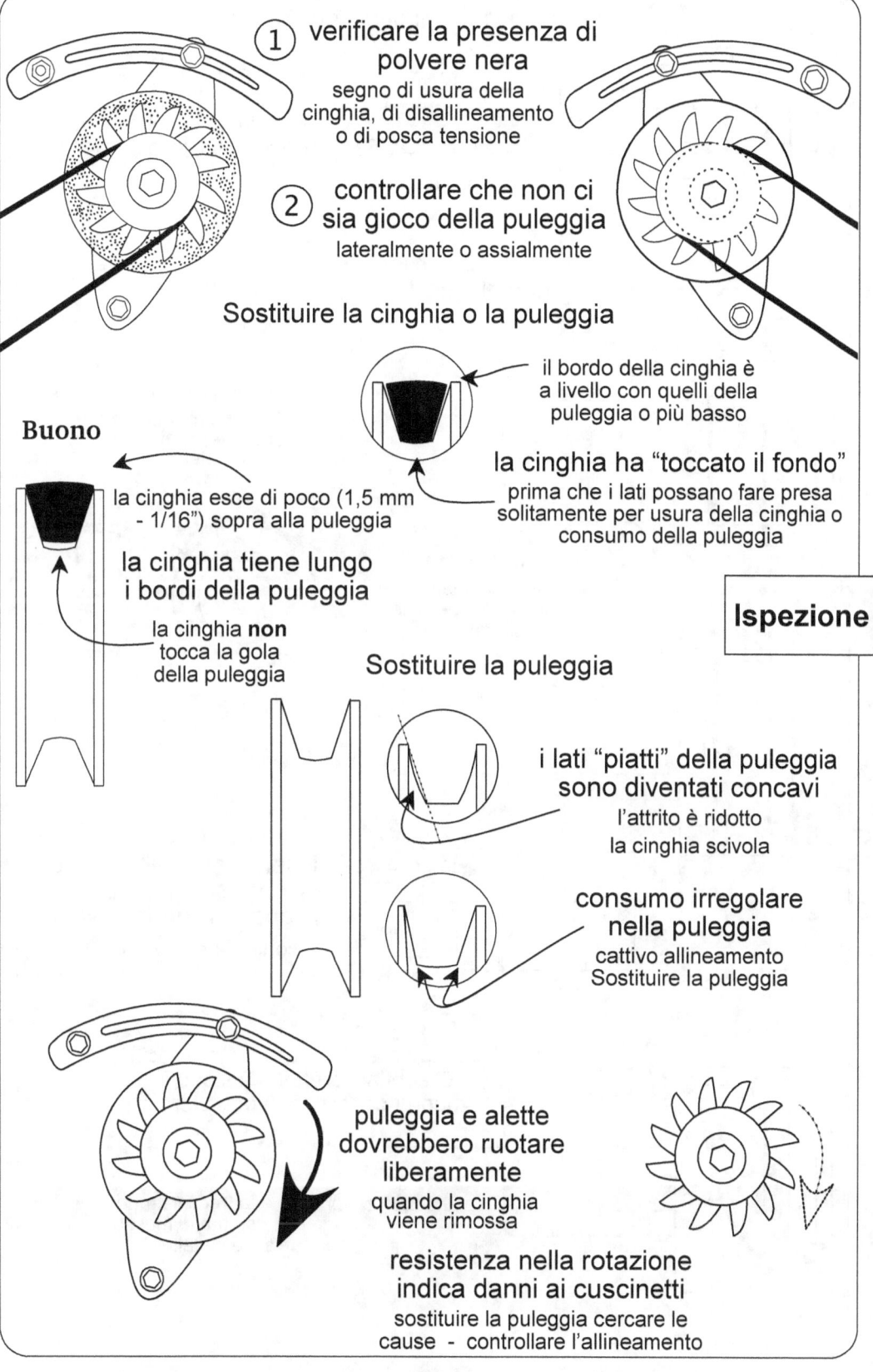

① verificare la presenza di polvere nera

segno di usura della cinghia, di disallineamento o di posca tensione

② controllare che non ci sia gioco della puleggia

lateralmente o assialmente

Sostituire la cinghia o la puleggia

il bordo della cinghia è a livello con quelli della puleggia o più basso

Buono

la cinghia esce di poco (1,5 mm - 1/16") sopra alla puleggia

la cinghia ha "toccato il fondo"

prima che i lati possano fare presa solitamente per usura della cinghia o consumo della puleggia

la cinghia tiene lungo i bordi della puleggia

la cinghia **non** tocca la gola della puleggia

Sostituire la puleggia

i lati "piatti" della puleggia sono diventati concavi

l'attrito è ridotto la cinghia scivola

consumo irregolare nella puleggia

cattivo allineamento Sostituire la puleggia

puleggia e alette dovrebbero ruotare liberamente

quando la cinghia viene rimossa

resistenza nella rotazione indica danni ai cuscinetti

sostituire la puleggia cercare le cause - controllare l'allineamento

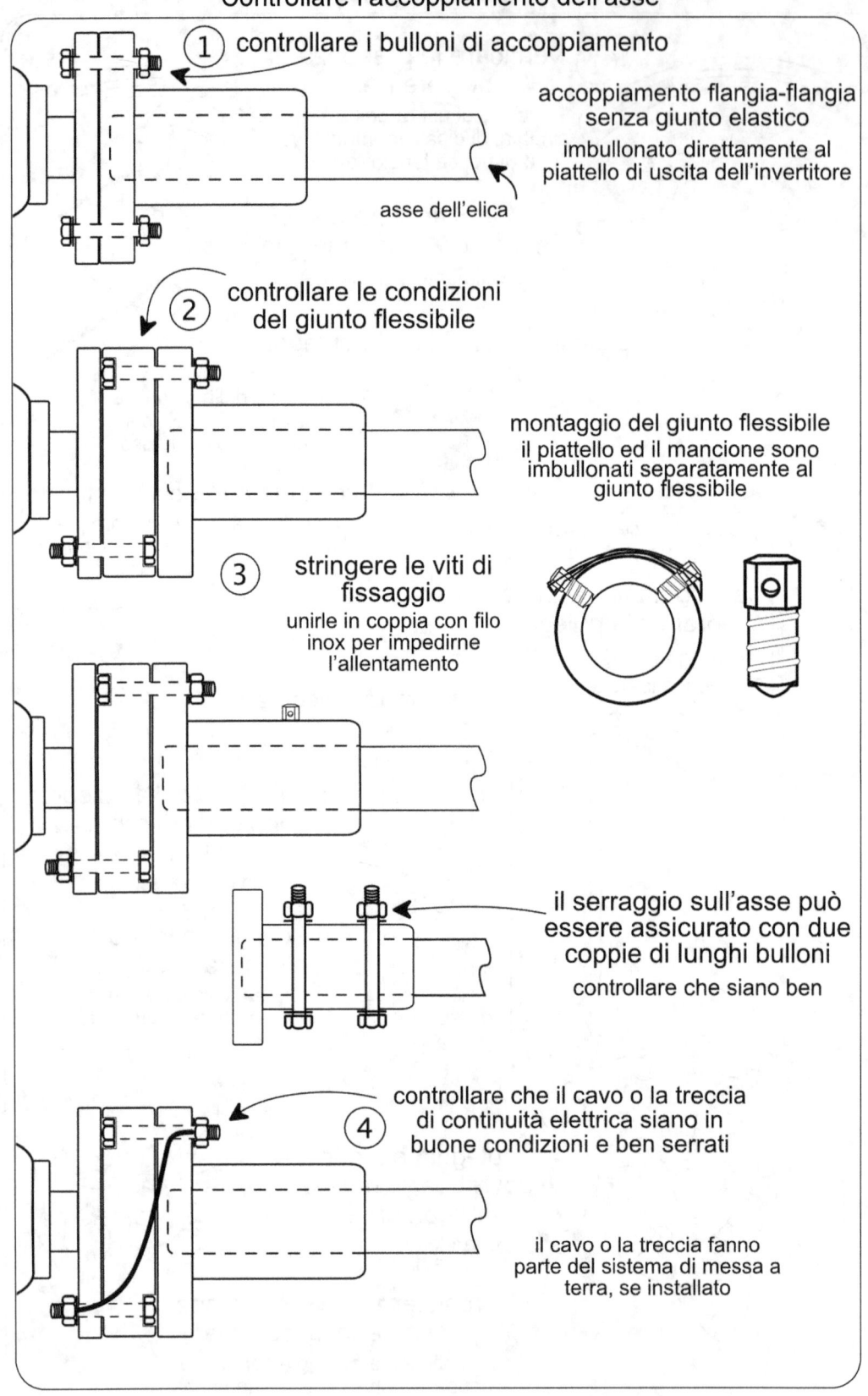

① controllare i bulloni di accoppiamento

accoppiamento flangia-flangia senza giunto elastico

imbullonato direttamente al piattello di uscita dell'invertitore

asse dell'elica

② controllare le condizioni del giunto flessibile

montaggio del giunto flessibile

il piattello ed il mancione sono imbullonati separatamente al giunto flessibile

③ stringere le viti di fissaggio

unirle in coppia con filo inox per impedirne l'allentamento

il serraggio sull'asse può essere assicurato con due coppie di lunghi bulloni

controllare che siano ben

④ controllare che il cavo o la treccia di continuità elettrica siano in buone condizioni e ben serrati

il cavo o la treccia fanno parte del sistema di messa a terra, se installato

Controllare l'Asse dell'Elica

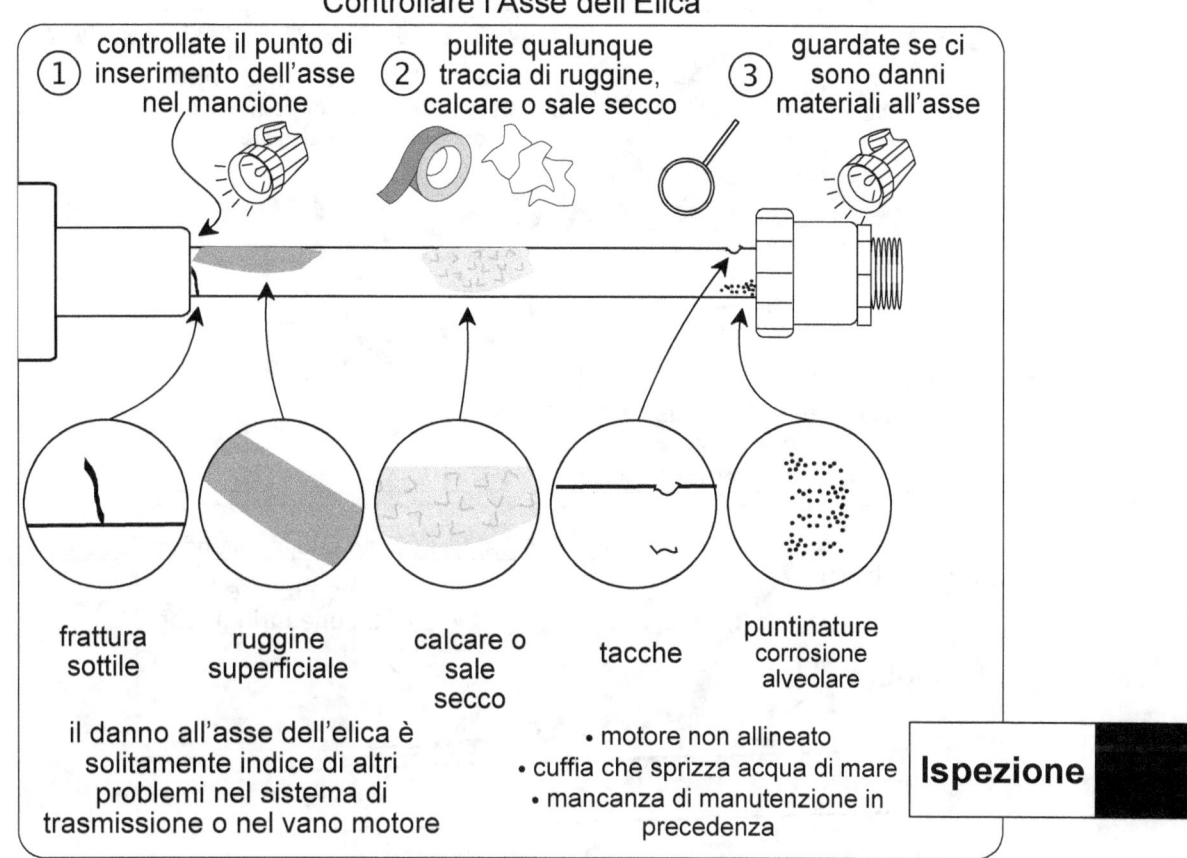

① controllate il punto di inserimento dell'asse nel mancione

② pulite qualunque traccia di ruggine, calcare o sale secco

③ guardate se ci sono danni materiali all'asse

frattura sottile

ruggine superficiale

calcare o sale secco

tacche

puntinature corrosione alveolare

il danno all'asse dell'elica è solitamente indice di altri problemi nel sistema di trasmissione o nel vano motore

• motore non allineato
• cuffia che sprizza acqua di mare
• mancanza di manutenzione in precedenza

Ispezione

Controllare la tensione della cinghia

Spingere con decisione a metà tra le pulegge

distanza tra le pulegge		freccia della cinghia	
cm	inches	mm	inches
30	12	2 mm	3/16"
35	14	5 mm	1/4"
40	16	6,5 mm	1/4"
45	18	7,5 mm	9/32"

Controllare la cuffia dell'asse

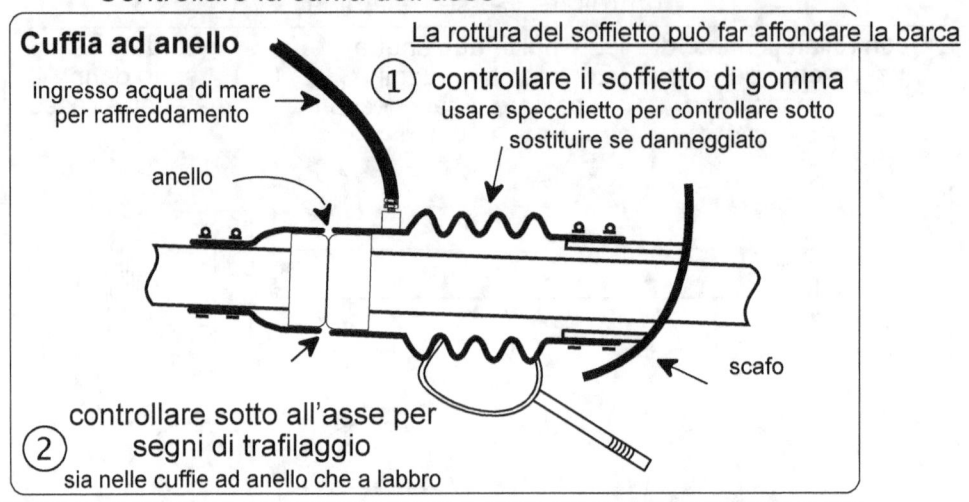

Cuffia ad anello

ingresso acqua di mare per raffreddamento

anello

La rottura del soffietto può far affondare la barca

① controllare il soffietto di gomma
usare specchietto per controllare sotto
sostituire se danneggiato

scafo

② controllare sotto all'asse per segni di trafilaggio
sia nelle cuffie ad anello che a labbro

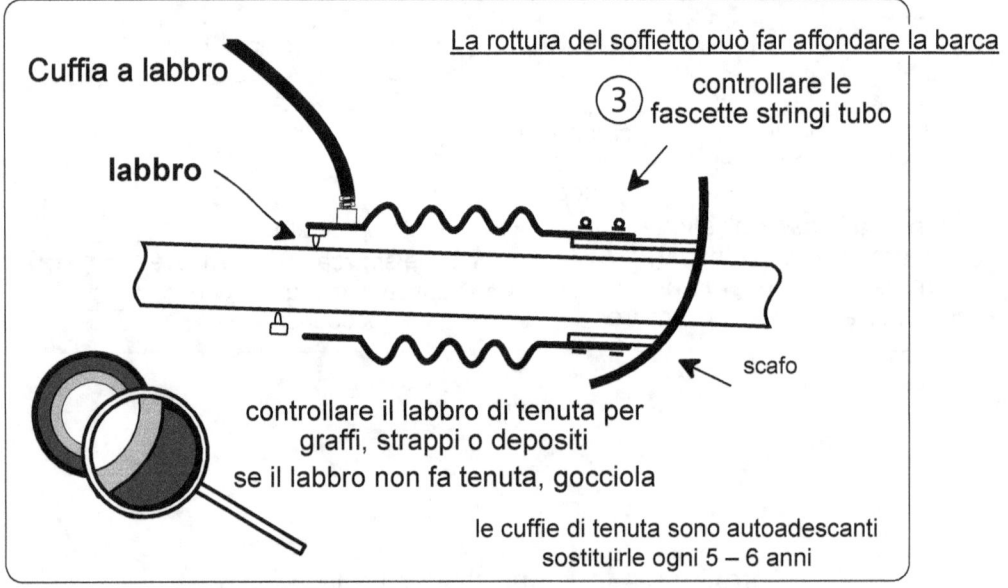

Cuffia a labbro

La rottura del soffietto può far affondare la barca

③ controllare le fascette stringi tubo

labbro

scafo

controllare il labbro di tenuta per graffi, strappi o depositi
se il labbro non fa tenuta, gocciola

le cuffie di tenuta sono autoadescanti
sostituirle ogni 5 – 6 anni

Controllare il tubo di una tenuta tradizionale

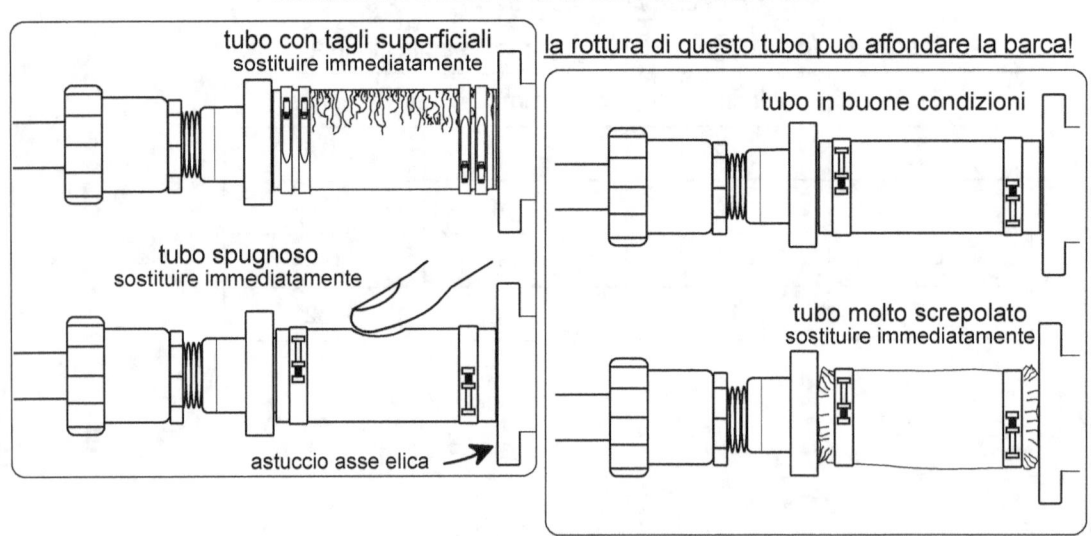

tubo con tagli superficiali
sostituire immediatamente

tubo spugnoso
sostituire immediatamente

astuccio asse elica

la rottura di questo tubo può affondare la barca!

tubo in buone condizioni

tubo molto screpolato
sostituire immediatamente

Controllare la boccola idrolubrificata

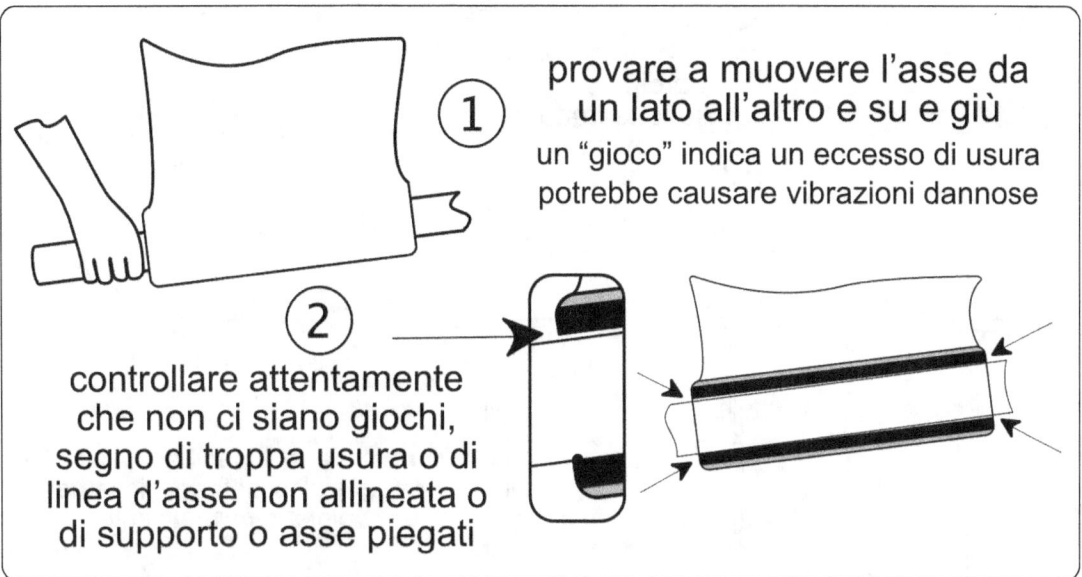

1 provare a muovere l'asse da un lato all'altro e su e giù

un "gioco" indica un eccesso di usura potrebbe causare vibrazioni dannose

2 controllare attentamente che non ci siano giochi, segno di troppa usura o di linea d'asse non allineata o di supporto o asse piegati

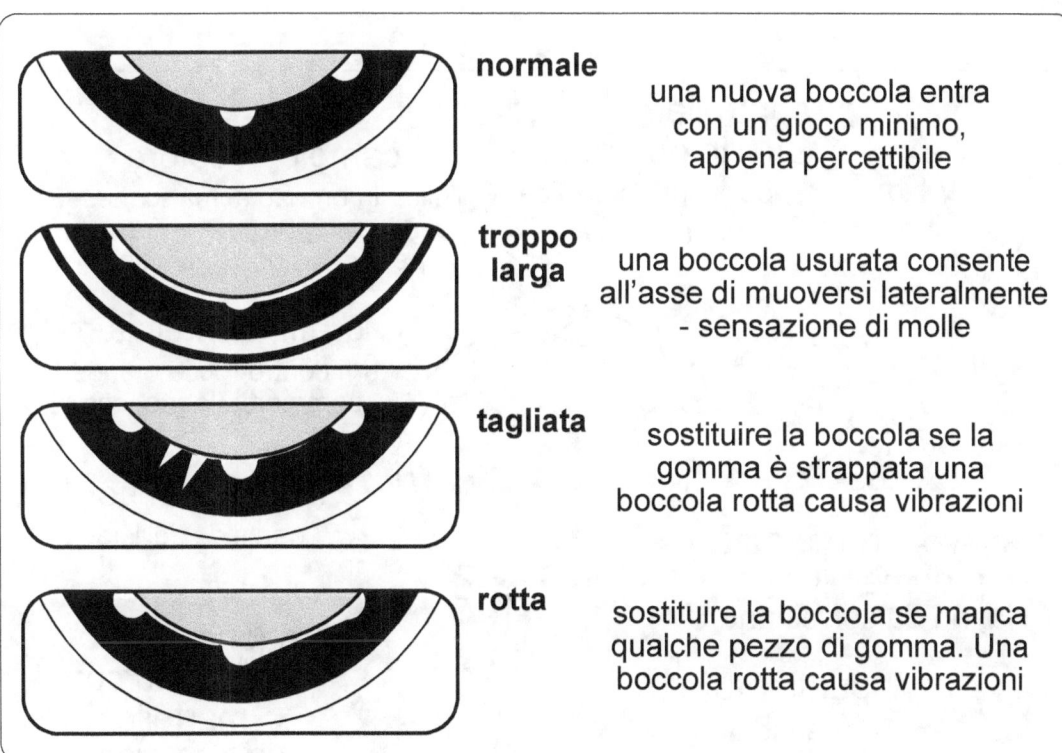

normale
una nuova boccola entra con un gioco minimo, appena percettibile

troppo larga
una boccola usurata consente all'asse di muoversi lateralmente - sensazione di molle

tagliata
sostituire la boccola se la gomma è strappata una boccola rotta causa vibrazioni

rotta
sostituire la boccola se manca qualche pezzo di gomma. Una boccola rotta causa vibrazioni

Controllare il supporto dell'asse elica

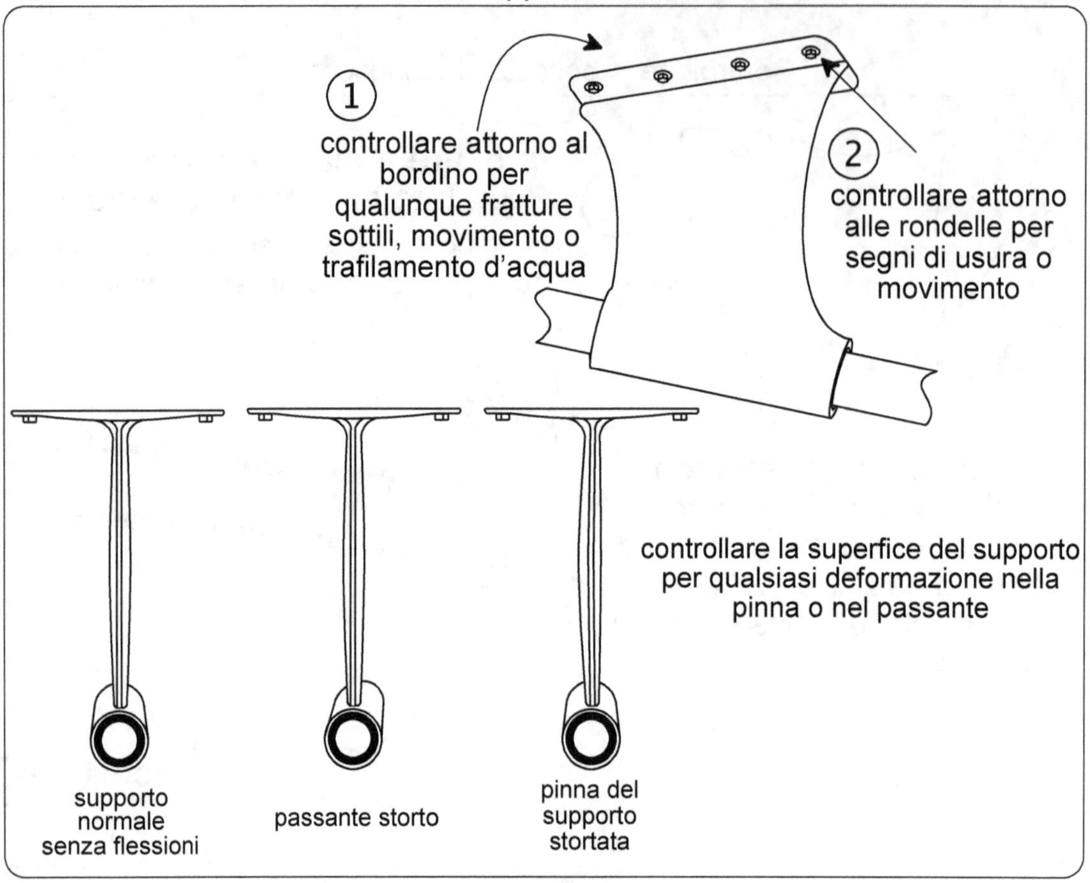

① controllare attorno al bordino per qualunque fratture sottili, movimento o trafilamento d'acqua

② controllare attorno alle rondelle per segni di usura o movimento

controllare la superfice del supporto per qualsiasi deformazione nella pinna o nel passante

supporto normale senza flessioni

passante storto

pinna del supporto stortata

Controllare l'elica

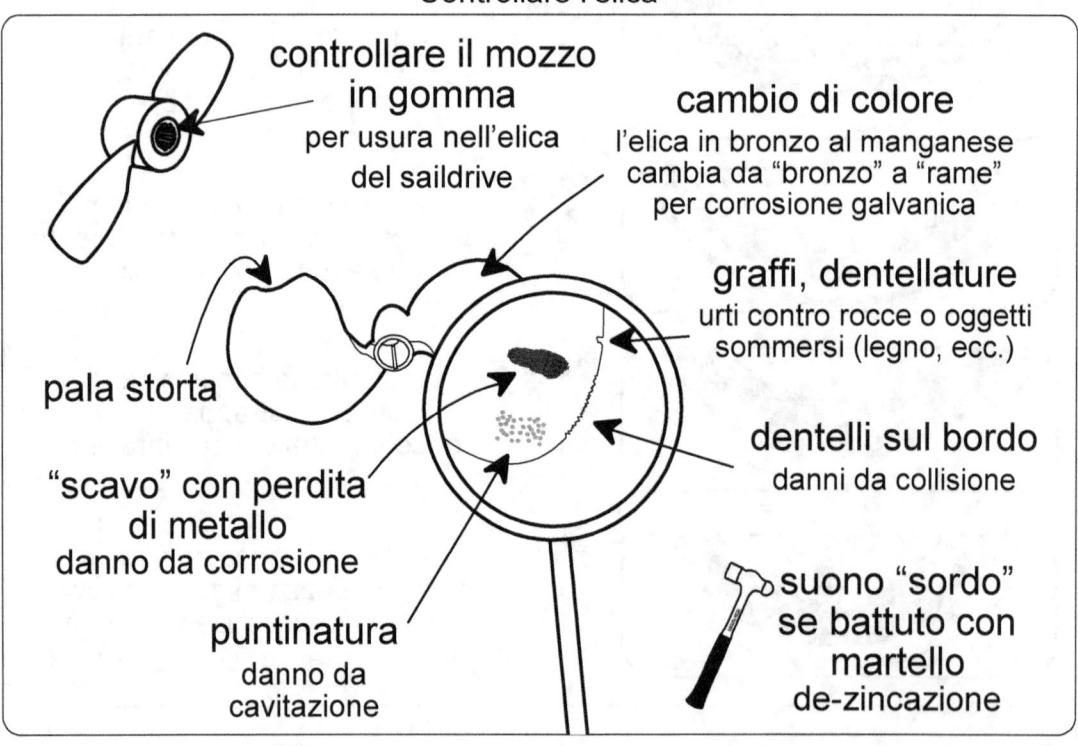

controllare il mozzo in gomma
per usura nell'elica del saildrive

cambio di colore
l'elica in bronzo al manganese cambia da "bronzo" a "rame" per corrosione galvanica

graffi, dentellature
urti contro rocce o oggetti sommersi (legno, ecc.)

pala storta

dentelli sul bordo
danni da collisione

"scavo" con perdita di metallo
danno da corrosione

puntinatura
danno da cavitazione

suono "sordo" se battuto con martello
de-zincazione

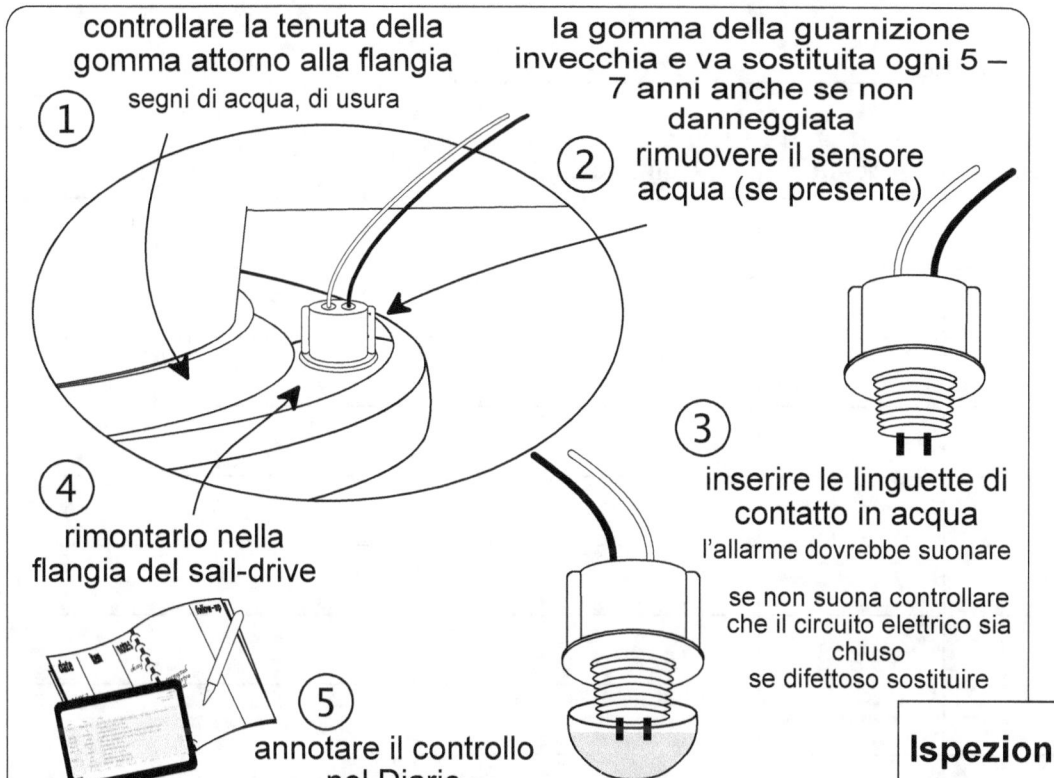

controllare la tenuta della gomma attorno alla flangia

(1) segni di acqua, di usura

la gomma della guarnizione invecchia e va sostituita ogni 5 – 7 anni anche se non danneggiata

(2) rimuovere il sensore acqua (se presente)

(3) inserire le linguette di contatto in acqua

l'allarme dovrebbe suonare

se non suona controllare che il circuito elettrico sia chiuso
se difettoso sostituire

(4) rimontarlo nella flangia del sail-drive

(5) annotare il controllo nel Diario

Ispezione

Tenuta Stagna
(anello interno di tenuta in gomma, stivale, vescica, membrana)

Una doppia membrana (stivale) tra la parte superiore e quella inferiore (quella che passa attraverso lo scafo) del sail-drive impedisce all'acqua di entrare; una sua rottura può causare l'affondamento della barca. Alcuni modelli hanno un sensore interno ed un allarma (che presuppone un impianto elettrico affidabile). Lo "stivale" in gomma va sostituito ogni 7 – 10 anni. Questo è un lavoro da operatori professionali.

La mancata sostituzione dello "stivale" potrebbe annullare la copertura assicurativa.

Inoltre, potrebbe anche essere incollata all'esterno dello scafo, attorno al piedino, anche una seconda flangia in gomma per ridurre le turbolenze attorno al foro di passaggio nello scafo. Questa seconda guarnizione non ha alcun effetto nella tenuta all'acqua di mare della tenuta principale (che è posizionata all'interno dello scafo).

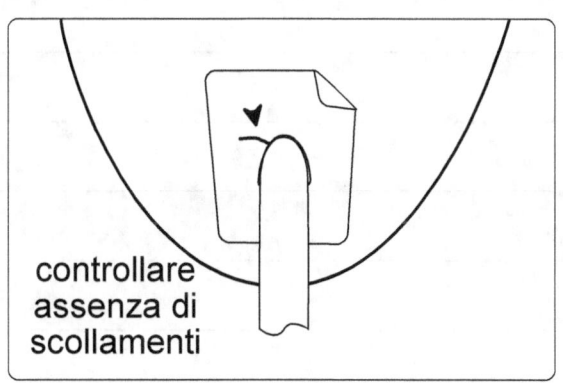

controllare assenza di scollamenti

Si possono fare interventi di riparazione con adesivi NON strutturali – irruvidire gomma e scafo per migliorare l'incollaggio

Diario degli interventi

Data di inizio: _____

data	oggetto	annotazioni

data	oggetto	annotazioni

Diario

data	oggetto	annotazioni

data	oggetto	annotazioni
		Diario

data	oggetto	annotazioni

data	oggetto	annotazioni
		Diario

data	oggetto	annotazioni

data	oggetto	annotazioni
		Diario

data	oggetto	annotazioni

data	oggetto	annotazioni
		Diario

data	oggetto	annotazioni

data	oggetto	annotazioni
		Diario

data	oggetto	annotazioni

data	oggetto	annotazioni
		Diario

data	oggetto	annotazioni

data	oggetto	annotazioni
		Diario

data	oggetto	annotazioni

data	oggetto	annotazioni

Diario

data	oggetto	annotazioni

data	oggetto	annotazioni
		Diario

data	oggetto	annotazioni

data	oggetto	annotazioni
		Diario

data	oggetto	annotazioni

data	oggetto	annotazioni
		Diario

data	oggetto	annotazioni

data	oggetto	annotazioni

Diario

data	oggetto	annotazioni

data	oggetto	annotazioni

Diario

data	oggetto	annotazioni

data	oggetto	annotazioni
		Diario

data	oggetto	annotazioni

data	oggetto	annotazioni
		Diario

data	oggetto	annotazioni

data	oggetto	annotazioni
		Diario

data	oggetto	annotazioni

data	oggetto	annotazioni

Diario

data	oggetto	annotazioni

data	oggetto	annotazioni
		Diario

data	oggetto	annotazioni

data	oggetto	annotazioni
		Diario

data	oggetto	annotazioni

data	oggetto	annotazioni

Diario

data	oggetto	annotazioni

data	oggetto	annotazioni

Diario

data	oggetto	annotazioni

data	oggetto	annotazioni

Diario

data	oggetto	annotazioni

data	oggetto	annotazioni
		Diario

data	oggetto	annotazioni

data	oggetto	annotazioni
		Diario

data	oggetto	annotazioni

data	oggetto	annotazioni
		Diario

data	oggetto	annotazioni

data	oggetto	annotazioni

Diario

data	oggetto	annotazioni

data	oggetto	annotazioni
		Diario

data	oggetto	annotazioni

data	oggetto	annotazioni

Diario

data	oggetto	annotazioni

data	oggetto	annotazioni
		Diario

data	oggetto	annotazioni

data	oggetto	annotazioni

Diario

data	oggetto	annotazioni

data	oggetto	annotazioni
		Diario

data	oggetto	annotazioni

data	oggetto	annotazioni
		Diario

data	oggetto	annotazioni

data	oggetto	annotazioni

Diario

data	oggetto	annotazioni

data	oggetto	annotazioni
		Diario

data	oggetto	annotazioni

data	oggetto	annotazioni

Diario

data	oggetto	annotazioni

data	oggetto	annotazioni

Diario

data	oggetto	annotazioni

data	oggetto	annotazioni

Diario

data	oggetto	annotazioni

data	oggetto	annotazioni
		Diario

data	oggetto	annotazioni

data	oggetto	annotazioni
		Diario

data	oggetto	annotazioni

data	oggetto	annotazioni

Diario

data	oggetto	annotazioni

data	oggetto	annotazioni

Diario

data	oggetto	annotazioni

data	oggetto	annotazioni

Diario

data	oggetto	annotazioni

data	oggetto	annotazioni
		Diario

data	oggetto	annotazioni

data	oggetto	annotazioni

Diario

data	oggetto	annotazioni

data	oggetto	annotazioni

Diario

data	oggetto	annotazioni

data	oggetto	annotazioni

Diario

data	oggetto	annotazioni

data	oggetto	annotazioni

Diario

data	oggetto	annotazioni

data	oggetto	annotazioni

Diario

data	oggetto	annotazioni

data	oggetto	annotazioni

Diario

data	oggetto	annotazioni

data	oggetto	annotazioni

Diario

data	oggetto	annotazioni

data	oggetto	annotazioni

Diario

data	oggetto	annotazioni

data	oggetto	annotazioni
		Diario

data	oggetto	annotazioni

data	oggetto	annotazioni

Diario

data	oggetto	annotazioni

data	oggetto	annotazioni

Diario

data	oggetto	annotazioni

data	oggetto	annotazioni
		Diario

data	oggetto	annotazioni

data	oggetto	annotazioni
		Diario

data	oggetto	annotazioni

data	oggetto	annotazioni

Diario

data	oggetto	annotazioni

data	oggetto	annotazioni

Diario

data	oggetto	annotazioni

data	oggetto	annotazioni
		Diario

data	oggetto	annotazioni

data	oggetto	annotazioni

Diario

data	oggetto	annotazioni

data	oggetto	annotazioni

Diario

data	oggetto	annotazioni

data	oggetto	annotazioni
		Diario

data	oggetto	annotazioni

data	oggetto	annotazioni
		Diario

data	oggetto	annotazioni

data	oggetto	annotazioni

Diario

data	oggetto	annotazioni

data	oggetto	annotazioni
		Diario

data	oggetto	annotazioni

data	oggetto	annotazioni

Diario

data	oggetto	annotazioni

data	oggetto	annotazioni
		Diario

data	oggetto	annotazioni

data	oggetto	annotazioni

Diario

data	oggetto	annotazioni

data	oggetto	annotazioni

Diario

data	oggetto	annotazioni

data	oggetto	annotazioni
		Diario

data	oggetto	annotazioni

date	oggetto	annotazioni
		Diario

Data di completamento: _____

Sommario

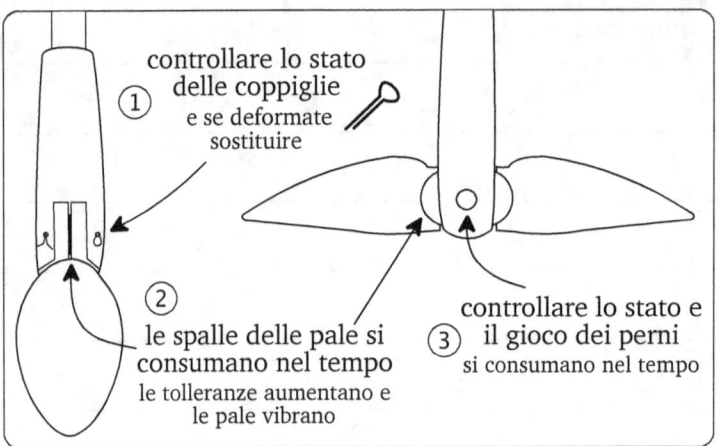

controllare lo stato delle coppiglie
① e se deformate sostituire

② le spalle delle pale si consumano nel tempo
le tolleranze aumentano e le pale vibrano

controllare lo stato e
③ il gioco dei perni
si consumano nel tempo

Ispezione di un'elica pieghevole

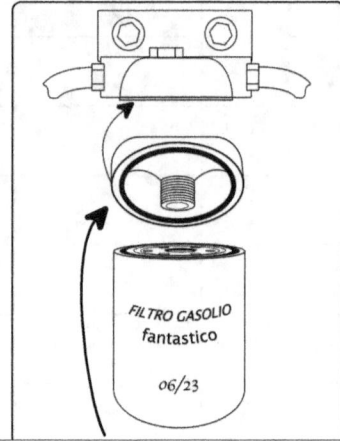

FILTRO GASOLIO
fantastico

06/23

Controllare lo stato della tenuta
quando si cambia il filtro gasolio

Algumas bombas injetoras também possuem varetas para serem verificadas

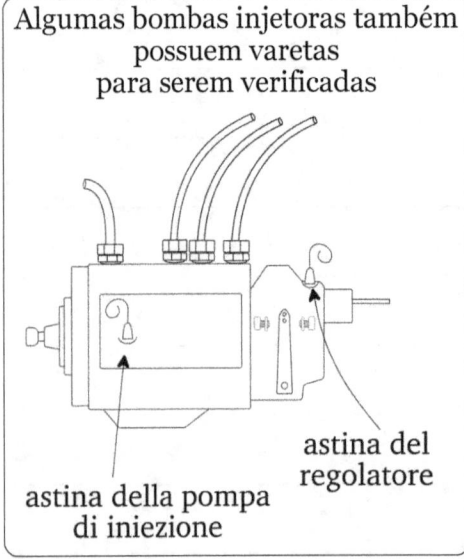

astina del regolatore

astina della pompa di iniezione

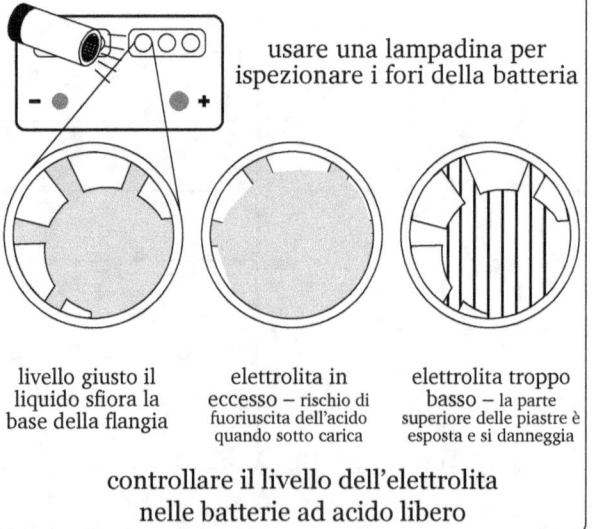

usare una lampadina per ispezionare i fori della batteria

livello giusto il liquido sfiora la base della flangia

elettrolita in eccesso – rischio di fuoriuscita dell'acido quando sotto carica

elettrolita troppo basso – la parte superiore delle piastre è esposta e si danneggia

controllare il livello dell'elettrolita nelle batterie ad acido libero

Diario del Gasolio

data	ore motore	serbatoio n°	pre-filtro S / N	pagina diario
livello iniziale		carburante aggiunto		carburante totale nel serbatoio
L		L		L

data	ore motore	serbatoio n°	pre-filtro S / N	pagina diario
livello iniziale		carburante aggiunto		carburante totale nel serbatoio
L		L		L

data	ore motore	serbatoio n°	pre-filtro S / N	pagina diario
livello iniziale		carburante aggiunto		carburante totale nel serbatoio
L		L		L

data	ore motore	serbatoio n°	pre-filtro S / N	pagina diario
livello iniziale		carburante aggiunto		carburante totale nel serbatoio
L		L		L

data	ore motore	serbatoio n°	pre-filtro S / N	pagina diario
livello iniziale		carburante aggiunto		carburante totale nel serbatoio
L		L		L

data	ore motore	serbatoio n°	pre-filtro S / N	pagina diario
livello iniziale		carburante aggiunto		carburante totale nel serbatoio
L		L		L

pre-filtro – carburante prefiltrato
  con uso imbuto filtrante
S / N – Sì / No
pagina dario – vedere il diario
  alla pagina indicata
L – Litri

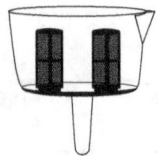

imbuto
filtrante

Sommario

data	ore motore	serbatoio n°	pre-filtro S / N	pagina diario
livello iniziale		carburante aggiunto		carburante totale nel serbatoio
L		L		L

data	ore motore	serbatoio n°	pre-filtro S / N	pagina diario
livello iniziale		carburante aggiunto		carburante totale nel serbatoio
L		L		L

data	ore motore	serbatoio n°	pre-filtro S / N	pagina diario
livello iniziale		carburante aggiunto		carburante totale nel serbatoio
L		L		L

data	ore motore	serbatoio n°	pre-filtro S / N	pagina diario
livello iniziale		carburante aggiunto		carburante totale nel serbatoio
L		L		L

Diario del Gasolio

Note_____

data	ore motore	serbatoio n°	pre-filtro S / N	pagina diario
livello iniziale		carburante aggiunto	carburante totale nel serbatoio	
L		L		L
data	ore motore	serbatoio n°	pre-filtro S / N	pagina diario
livello iniziale		carburante aggiunto	carburante totale nel serbatoio	
L		L		L
data	ore motore	serbatoio n°	pre-filtro S / N	pagina diario
livello iniziale		carburante aggiunto	carburante totale nel serbatoio	
L		L		L
data	ore motore	serbatoio n°	pre-filtro S / N	pagina diario
livello iniziale		carburante aggiunto	carburante totale nel serbatoio	
L		L		L
data	ore motore	serbatoio n°	pre-filtro S / N	pagina diario
livello iniziale		carburante aggiunto	carburante totale nel serbatoio	
L		L		L
data	ore motore	serbatoio n°	pre-filtro S / N	pagina diario
livello iniziale		carburante aggiunto	carburante totale nel serbatoio	
L		L		L
data	ore motore	serbatoio n°	pre-filtro S / N	pagina diario
livello iniziale		carburante aggiunto	carburante totale nel serbatoio	
L		L		L
data	ore motore	serbatoio n°	pre-filtro S / N	pagina diario
livello iniziale		carburante aggiunto	carburante totale nel serbatoio	
L		L		L
data	ore motore	serbatoio n°	pre-filtro S / N	pagina diario
livello iniziale		carburante aggiunto	carburante totale nel serbatoio	
L		L		L
data	ore motore	serbatoio n°	pre-filtro S / N	pagina diario
livello iniziale		carburante aggiunto	carburante totale nel serbatoio	
L		L		L

Diario del Gasolio

data	ore motore	serbatoio n°	pre-filtro S / N	pagina diario
livello iniziale L		carburante aggiunto L	carburante totale nel serbatoio	L

data	ore motore	serbatoio n°	pre-filtro S / N	pagina diario
livello iniziale L		carburante aggiunto L	carburante totale nel serbatoio	L

data	ore motore	serbatoio n°	pre-filtro S / N	pagina diario
livello iniziale L		carburante aggiunto L	carburante totale nel serbatoio	L

data	ore motore	serbatoio n°	pre-filtro S / N	pagina diario
livello iniziale L		carburante aggiunto L	carburante totale nel serbatoio	L

data	ore motore	serbatoio n°	pre-filtro S / N	pagina diario
livello iniziale L		carburante aggiunto L	carburante totale nel serbatoio	L

data	ore motore	serbatoio n°	pre-filtro S / N	pagina diario
livello iniziale L		carburante aggiunto L	carburante totale nel serbatoio	L

pre-filtro – carburante prefiltrato
con uso imbuto filtrante
S / N – Sì / No
pagina dario – vedere il diario
alla pagina indicata
L – Litri

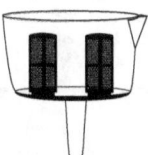 imbuto filtrante

Sommario

data	ore motore	serbatoio n°	pre-filtro S / N	pagina diario
livello iniziale L		carburante aggiunto L	carburante totale nel serbatoio	L

data	ore motore	serbatoio n°	pre-filtro S / N	pagina diario
livello iniziale L		carburante aggiunto L	carburante totale nel serbatoio	L

data	ore motore	serbatoio n°	pre-filtro S / N	pagina diario
livello iniziale L		carburante aggiunto L	carburante totale nel serbatoio	L

data	ore motore	serbatoio n°	pre-filtro S / N	pagina diario
livello iniziale L		carburante aggiunto L	carburante totale nel serbatoio	L

Diario del Gasolio

*Note*_____

data	ore motore	serbatoio n°	pre-filtro S / N	pagina diario
livello iniziale		carburante aggiunto	carburante totale nel serbatoio	
	L	L		L
data	ore motore	serbatoio n°	pre-filtro S / N	pagina diario
livello iniziale		carburante aggiunto	carburante totale nel serbatoio	
	L	L		L
data	ore motore	serbatoio n°	pre-filtro S / N	pagina diario
livello iniziale		carburante aggiunto	carburante totale nel serbatoio	
	L	L		L
data	ore motore	serbatoio n°	pre-filtro S / N	pagina diario
livello iniziale		carburante aggiunto	carburante totale nel serbatoio	
	L	L		L
data	ore motore	serbatoio n°	pre-filtro S / N	pagina diario
livello iniziale		carburante aggiunto	carburante totale nel serbatoio	
	L	L		L
data	ore motore	serbatoio n°	pre-filtro S / N	pagina diario
livello iniziale		carburante aggiunto	carburante totale nel serbatoio	
	L	L		L
data	ore motore	serbatoio n°	pre-filtro S / N	pagina diario
livello iniziale		carburante aggiunto	carburante totale nel serbatoio	
	L	L		L
data	ore motore	serbatoio n°	pre-filtro S / N	pagina diario
livello iniziale		carburante aggiunto	carburante totale nel serbatoio	
	L	L		L
data	ore motore	serbatoio n°	pre-filtro S / N	pagina diario
livello iniziale		carburante aggiunto	carburante totale nel serbatoio	
	L	L		L
data	ore motore	serbatoio n°	pre-filtro S / N	pagina diario
livello iniziale		carburante aggiunto	carburante totale nel serbatoio	
	L	L		L
data	ore motore	serbatoio n°	pre-filtro S / N	pagina diario
livello iniziale		carburante aggiunto	carburante totale nel serbatoio	
	L	L		L

Diario del Gasolio

data	ore motore	serbatoio n°	pre-filtro S / N	pagina diario
livello iniziale		carburante aggiunto		carburante totale nel serbatoio
L		L		L
data	ore motore	serbatoio n°	pre-filtro S / N	pagina diario
livello iniziale		carburante aggiunto		carburante totale nel serbatoio
L		L		L
data	ore motore	serbatoio n°	pre-filtro S / N	pagina diario
livello iniziale		carburante aggiunto		carburante totale nel serbatoio
L		L		L
data	ore motore	serbatoio n°	pre-filtro S / N	pagina diario
livello iniziale		carburante aggiunto		carburante totale nel serbatoio
L		L		L
data	ore motore	serbatoio n°	pre-filtro S / N	pagina diario
livello iniziale		carburante aggiunto		carburante totale nel serbatoio
L		L		L
data	ore motore	serbatoio n°	pre-filtro S / N	pagina diario
livello iniziale		carburante aggiunto		carburante totale nel serbatoio
L		L		L

pre-filtro – carburante prefiltrato
  con uso imbuto filtrante
S / N – Sì / No
pagina dario – vedere il diario
  alla pagina indicata
L – Litri

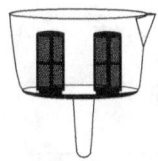

imbuto
filtrante

Sommario

data	ore motore	serbatoio n°	pre-filtro S / N	pagina diario
livello iniziale		carburante aggiunto		carburante totale nel serbatoio
L		L		L
data	ore motore	serbatoio n°	pre-filtro S / N	pagina diario
livello iniziale		carburante aggiunto		carburante totale nel serbatoio
L		L		L
data	ore motore	serbatoio n°	pre-filtro S / N	pagina diario
livello iniziale		carburante aggiunto		carburante totale nel serbatoio
L		L		L
data	ore motore	serbatoio n°	pre-filtro S / N	pagina diario
livello iniziale		carburante aggiunto		carburante totale nel serbatoio
L		L		L

Diario del Gasolio

*Note*_____

data	ore motore	serbatoio n°	pre-filtro S / N	pagina diario
livello iniziale		carburante aggiunto	carburante totale nel serbatoio	
L		L		L
data	ore motore	serbatoio n°	pre-filtro S / N	pagina diario
livello iniziale		carburante aggiunto	carburante totale nel serbatoio	
L		L		L
data	ore motore	serbatoio n°	pre-filtro S / N	pagina diario
livello iniziale		carburante aggiunto	carburante totale nel serbatoio	
L		L		L
data	ore motore	serbatoio n°	pre-filtro S / N	pagina diario
livello iniziale		carburante aggiunto	carburante totale nel serbatoio	
L		L		L
data	ore motore	serbatoio n°	pre-filtro S / N	pagina diario
livello iniziale		carburante aggiunto	carburante totale nel serbatoio	
L		L		L
data	ore motore	serbatoio n°	pre-filtro S / N	pagina diario
livello iniziale		carburante aggiunto	carburante totale nel serbatoio	
L		L		L
data	ore motore	serbatoio n°	pre-filtro S / N	pagina diario
livello iniziale		carburante aggiunto	carburante totale nel serbatoio	
L		L		L
data	ore motore	serbatoio n°	pre-filtro S / N	pagina diario
livello iniziale		carburante aggiunto	carburante totale nel serbatoio	
L		L		L
data	ore motore	serbatoio n°	pre-filtro S / N	pagina diario
livello iniziale		carburante aggiunto	carburante totale nel serbatoio	
L		L		L
data	ore motore	serbatoio n°	pre-filtro S / N	pagina diario
livello iniziale		carburante aggiunto	carburante totale nel serbatoio	
L		L		L
data	ore motore	serbatoio n°	pre-filtro S / N	pagina diario
livello iniziale		carburante aggiunto	carburante totale nel serbatoio	
L		L		L

Diario del Gasolio

data	ore motore	serbatoio n°	pre-filtro S / N	pagina diario
livello iniziale	carburante aggiunto		carburante totale nel serbatoio	
L	L			L

data	ore motore	serbatoio n°	pre-filtro S / N	pagina diario
livello iniziale	carburante aggiunto		carburante totale nel serbatoio	
L	L			L

data	ore motore	serbatoio n°	pre-filtro S / N	pagina diario
livello iniziale	carburante aggiunto		carburante totale nel serbatoio	
L	L			L

data	ore motore	serbatoio n°	pre-filtro S / N	pagina diario
livello iniziale	carburante aggiunto		carburante totale nel serbatoio	
L	L			L

data	ore motore	serbatoio n°	pre-filtro S / N	pagina diario
livello iniziale	carburante aggiunto		carburante totale nel serbatoio	
L	L			L

data	ore motore	serbatoio n°	pre-filtro S / N	pagina diario
livello iniziale	carburante aggiunto		carburante totale nel serbatoio	
L	L			L

pre-filtro – carburante prefiltrato
con uso imbuto filtrante
S / N – Sì / No
pagina dario – vedere il diario
alla pagina indicata
L – Litri

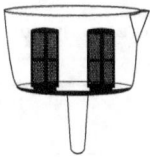

imbuto filtrante

Sommario

data	ore motore	serbatoio n°	pre-filtro S / N	pagina diario
livello iniziale	carburante aggiunto		carburante totale nel serbatoio	
L	L			L

data	ore motore	serbatoio n°	pre-filtro S / N	pagina diario
livello iniziale	carburante aggiunto		carburante totale nel serbatoio	
L	L			L

data	ore motore	serbatoio n°	pre-filtro S / N	pagina diario
livello iniziale	carburante aggiunto		carburante totale nel serbatoio	
L	L			L

data	ore motore	serbatoio n°	pre-filtro S / N	pagina diario
livello iniziale	carburante aggiunto		carburante totale nel serbatoio	
L	L			L

Diario del Gasolio

Note_____

data	ore motore	serbatoio n°	pre-filtro S / N	pagina diario
livello iniziale	carburante aggiunto		carburante totale nel serbatoio	
L	L			L
data	ore motore	serbatoio n°	pre-filtro S / N	pagina diario
livello iniziale	carburante aggiunto		carburante totale nel serbatoio	
L	L			L
data	ore motore	serbatoio n°	pre-filtro S / N	pagina diario
livello iniziale	carburante aggiunto		carburante totale nel serbatoio	
L	L			L
data	ore motore	serbatoio n°	pre-filtro S / N	pagina diario
livello iniziale	carburante aggiunto		carburante totale nel serbatoio	
L	L			L
data	ore motore	serbatoio n°	pre-filtro S / N	pagina diario
livello iniziale	carburante aggiunto		carburante totale nel serbatoio	
L	L			L
data	ore motore	serbatoio n°	pre-filtro S / N	pagina diario
livello iniziale	carburante aggiunto		carburante totale nel serbatoio	
L	L			L
data	ore motore	serbatoio n°	pre-filtro S / N	pagina diario
livello iniziale	carburante aggiunto		carburante totale nel serbatoio	
L	L			L
data	ore motore	serbatoio n°	pre-filtro S / N	pagina diario
livello iniziale	carburante aggiunto		carburante totale nel serbatoio	
L	L			L
data	ore motore	serbatoio n°	pre-filtro S / N	pagina diario
livello iniziale	carburante aggiunto		carburante totale nel serbatoio	
L	L			L
data	ore motore	serbatoio n°	pre-filtro S / N	pagina diario
livello iniziale	carburante aggiunto		carburante totale nel serbatoio	
L	L			L
data	ore motore	serbatoio n°	pre-filtro S / N	pagina diario
livello iniziale	carburante aggiunto		carburante totale nel serbatoio	
L	L			L

Diario del Gasolio

data	ore motore	serbatoio n°	pre-filtro S / N	pagina diario
livello iniziale L	carburante aggiunto L		carburante totale nel serbatoio L	

data	ore motore	serbatoio n°	pre-filtro S / N	pagina diario
livello iniziale L	carburante aggiunto L		carburante totale nel serbatoio L	

data	ore motore	serbatoio n°	pre-filtro S / N	pagina diario
livello iniziale L	carburante aggiunto L		carburante totale nel serbatoio L	

data	ore motore	serbatoio n°	pre-filtro S / N	pagina diario
livello iniziale L	carburante aggiunto L		carburante totale nel serbatoio L	

data	ore motore	serbatoio n°	pre-filtro S / N	pagina diario
livello iniziale L	carburante aggiunto L		carburante totale nel serbatoio L	

data	ore motore	serbatoio n°	pre-filtro S / N	pagina diario
livello iniziale L	carburante aggiunto L		carburante totale nel serbatoio L	

pre-filtro – carburante prefiltrato
con uso imbuto filtrante
S / N – Sì / No
pagina dario – vedere il diario
alla pagina indicata
L – Litri

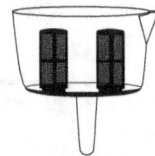

imbuto filtrante

Sommario

data	ore motore	serbatoio n°	pre-filtro S / N	pagina diario
livello iniziale L	carburante aggiunto L		carburante totale nel serbatoio L	

data	ore motore	serbatoio n°	pre-filtro S / N	pagina diario
livello iniziale L	carburante aggiunto L		carburante totale nel serbatoio L	

data	ore motore	serbatoio n°	pre-filtro S / N	pagina diario
livello iniziale L	carburante aggiunto L		carburante totale nel serbatoio L	

data	ore motore	serbatoio n°	pre-filtro S / N	pagina diario
livello iniziale L	carburante aggiunto L		carburante totale nel serbatoio L	

Diario del Gasolio

Note_____

data	ore motore	serbatoio n°	pre-filtro S / N	pagina diario
livello iniziale		carburante aggiunto	carburante totale nel serbatoio	
L		L		L

data	ore motore	serbatoio n°	pre-filtro S / N	pagina diario
livello iniziale		carburante aggiunto	carburante totale nel serbatoio	
L		L		L

data	ore motore	serbatoio n°	pre-filtro S / N	pagina diario
livello iniziale		carburante aggiunto	carburante totale nel serbatoio	
L		L		L

data	ore motore	serbatoio n°	pre-filtro S / N	pagina diario
livello iniziale		carburante aggiunto	carburante totale nel serbatoio	
L		L		L

data	ore motore	serbatoio n°	pre-filtro S / N	pagina diario
livello iniziale		carburante aggiunto	carburante totale nel serbatoio	
L		L		L

data	ore motore	serbatoio n°	pre-filtro S / N	pagina diario
livello iniziale		carburante aggiunto	carburante totale nel serbatoio	
L		L		L

data	ore motore	serbatoio n°	pre-filtro S / N	pagina diario
livello iniziale		carburante aggiunto	carburante totale nel serbatoio	
L		L		L

data	ore motore	serbatoio n°	pre-filtro S / N	pagina diario
livello iniziale		carburante aggiunto	carburante totale nel serbatoio	
L		L		L

data	ore motore	serbatoio n°	pre-filtro S / N	pagina diario
livello iniziale		carburante aggiunto	carburante totale nel serbatoio	
L		L		L

data	ore motore	serbatoio n°	pre-filtro S / N	pagina diario
livello iniziale		carburante aggiunto	carburante totale nel serbatoio	
L		L		L

data	ore motore	serbatoio n°	pre-filtro S / N	pagina diario
livello iniziale		carburante aggiunto	carburante totale nel serbatoio	
L		L		L

Diario del Gasolio

data	ore motore	serbatoio n°	pre-filtro S / N	pagina diario
livello iniziale	carburante aggiunto		carburante totale nel serbatoio	
L	L			L

data	ore motore	serbatoio n°	pre-filtro S / N	pagina diario
livello iniziale	carburante aggiunto		carburante totale nel serbatoio	
L	L			L

data	ore motore	serbatoio n°	pre-filtro S / N	pagina diario
livello iniziale	carburante aggiunto		carburante totale nel serbatoio	
L	L			L

data	ore motore	serbatoio n°	pre-filtro S / N	pagina diario
livello iniziale	carburante aggiunto		carburante totale nel serbatoio	
L	L			L

data	ore motore	serbatoio n°	pre-filtro S / N	pagina diario
livello iniziale	carburante aggiunto		carburante totale nel serbatoio	
L	L			L

data	ore motore	serbatoio n°	pre-filtro S / N	pagina diario
livello iniziale	carburante aggiunto		carburante totale nel serbatoio	
L	L			L

pre-filtro – carburante prefiltrato
  con uso imbuto filtrante
S / N – Sì / No
pagina dario – vedere il diario
  alla pagina indicata
L – Litri

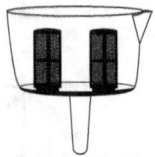

imbuto filtrante

Sommario

data	ore motore	serbatoio n°	pre-filtro S / N	pagina diario
livello iniziale	carburante aggiunto		carburante totale nel serbatoio	
L	L			L

data	ore motore	serbatoio n°	pre-filtro S / N	pagina diario
livello iniziale	carburante aggiunto		carburante totale nel serbatoio	
L	L			L

data	ore motore	serbatoio n°	pre-filtro S / N	pagina diario
livello iniziale	carburante aggiunto		carburante totale nel serbatoio	
L	L			L

data	ore motore	serbatoio n°	pre-filtro S / N	pagina diario
livello iniziale	carburante aggiunto		carburante totale nel serbatoio	
L	L			L

Diario del Gasolio

Note_____

data	ore motore	serbatoio n°	pre-filtro S / N	pagina diario
livello iniziale		carburante aggiunto	carburante totale nel serbatoio	
L		L		L

data	ore motore	serbatoio n°	pre-filtro S / N	pagina diario
livello iniziale		carburante aggiunto	carburante totale nel serbatoio	
L		L		L

data	ore motore	serbatoio n°	pre-filtro S / N	pagina diario
livello iniziale		carburante aggiunto	carburante totale nel serbatoio	
L		L		L

data	ore motore	serbatoio n°	pre-filtro S / N	pagina diario
livello iniziale		carburante aggiunto	carburante totale nel serbatoio	
L		L		L

data	ore motore	serbatoio n°	pre-filtro S / N	pagina diario
livello iniziale		carburante aggiunto	carburante totale nel serbatoio	
L		L		L

data	ore motore	serbatoio n°	pre-filtro S / N	pagina diario
livello iniziale		carburante aggiunto	carburante totale nel serbatoio	
L		L		L

data	ore motore	serbatoio n°	pre-filtro S / N	pagina diario
livello iniziale		carburante aggiunto	carburante totale nel serbatoio	
L		L		L

data	ore motore	serbatoio n°	pre-filtro S / N	pagina diario
livello iniziale		carburante aggiunto	carburante totale nel serbatoio	
L		L		L

data	ore motore	serbatoio n°	pre-filtro S / N	pagina diario
livello iniziale		carburante aggiunto	carburante totale nel serbatoio	
L		L		L

data	ore motore	serbatoio n°	pre-filtro S / N	pagina diario
livello iniziale		carburante aggiunto	carburante totale nel serbatoio	
L		L		L

data	ore motore	serbatoio n°	pre-filtro S / N	pagina diario
livello iniziale		carburante aggiunto	carburante totale nel serbatoio	
L		L		L

Diario del Gasolio

data	ore motore	serbatoio n°	pre-filtro S / N	pagina diario
livello iniziale		carburante aggiunto	carburante totale nel serbatoio	
L		L		L

data	ore motore	serbatoio n°	pre-filtro S / N	pagina diario
livello iniziale		carburante aggiunto	carburante totale nel serbatoio	
L		L		L

data	ore motore	serbatoio n°	pre-filtro S / N	pagina diario
livello iniziale		carburante aggiunto	carburante totale nel serbatoio	
L		L		L

data	ore motore	serbatoio n°	pre-filtro S / N	pagina diario
livello iniziale		carburante aggiunto	carburante totale nel serbatoio	
L		L		L

data	ore motore	serbatoio n°	pre-filtro S / N	pagina diario
livello iniziale		carburante aggiunto	carburante totale nel serbatoio	
L		L		L

data	ore motore	serbatoio n°	pre-filtro S / N	pagina diario
livello iniziale		carburante aggiunto	carburante totale nel serbatoio	
L		L		L

pre-filtro – carburante prefiltrato
  con uso imbuto filtrante
S / N – Sì / No
pagina dario – vedere il diario
  alla pagina indicata
L – Litri

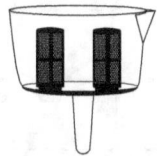

imbuto filtrante

Sommario

data	ore motore	serbatoio n°	pre-filtro S / N	pagina diario
livello iniziale		carburante aggiunto	carburante totale nel serbatoio	
L		L		L

data	ore motore	serbatoio n°	pre-filtro S / N	pagina diario
livello iniziale		carburante aggiunto	carburante totale nel serbatoio	
L		L		L

data	ore motore	serbatoio n°	pre-filtro S / N	pagina diario
livello iniziale		carburante aggiunto	carburante totale nel serbatoio	
L		L		L

data	ore motore	serbatoio n°	pre-filtro S / N	pagina diario
livello iniziale		carburante aggiunto	carburante totale nel serbatoio	
L		L		L

Cambio Olio Motore

Note_____

data	motore S / D	ore motore	n° cod. filtro	pagina diario
olio scaricato L	olio messo L		marca e gradazione dell'olio	
data	motore S / D	ore motore	n° cod. filtro	pagina diario
olio scaricato L	olio messo L		marca e gradazione dell'olio	
data	motore S / D	ore motore	n° cod. filtro	pagina diario
olio scaricato L	olio messo L		marca e gradazione dell'olio	
data	motore S / D	ore motore	n° cod. filtro	pagina diario
olio scaricato L	olio messo L		marca e gradazione dell'olio	
data	motore S / D	ore motore	n° cod. filtro	pagina diario
olio scaricato L	olio messo L		marca e gradazione dell'olio	
data	motore S / D	ore motore	n° cod. filtro	pagina diario
olio scaricato L	olio messo L		marca e gradazione dell'olio	
data	motore S / D	ore motore	n° cod. filtro	pagina diario
olio scaricato L	olio messo L		marca e gradazione dell'olio	
data	motore S / D	ore motore	n° cod. filtro	pagina diario
olio scaricato L	olio messo L		marca e gradazione dell'olio	
data	motore S / D	ore motore	n° cod. filtro	pagina diario
olio scaricato L	olio messo L		marca e gradazione dell'olio	
data	motore S / D	ore motore	n° cod. filtro	pagina diario
olio scaricato L	olio messo L		marca e gradazione dell'olio	
data	motore S / D	ore motore	n° cod. filtro	pagina diario
olio scaricato L	olio messo L		marca e gradazione dell'olio	

Cambio Olio Motore

data	motore S / D	ore motore	n° cod. filtro	pagina diario
olio scaricato ... L	olio messo ... L		marca e gradazione dell'olio	
data	motore S / D	ore motore	n° cod. filtro	pagina diario
olio scaricato ... L	olio messo ... L		marca e gradazione dell'olio	
data	motore S / D	ore motore	n° cod. filtro	pagina diario
olio scaricato ... L	olio messo ... L		marca e gradazione dell'olio	
data	motore S / D	ore motore	n° cod. filtro	pagina diario
olio scaricato ... L	olio messo ... L		marca e gradazione dell'olio	
data	motore S / D	ore motore	n° cod. filtro	pagina diario
olio scaricato ... L	olio messo ... L		marca e gradazione dell'olio	
data	motore S / D	ore motore	n° cod. filtro	pagina diario
olio scaricato ... L	olio messo ... L		marca e gradazione dell'olio	

motore S / D – motore di Sinistra o di Dritta
n° cod. filtro – numero di codice filtro
pagina diario – vedere il diario alla pagina
   indicata
L – Litri

Sommario

data	motore S / D	ore motore	n° cod. filtro	pagina diario
olio scaricato ... L	olio messo ... L		marca e gradazione dell'olio	
data	motore S / D	ore motore	n° cod. filtro	pagina diario
olio scaricato ... L	olio messo ... L		marca e gradazione dell'olio	
data	motore S / D	ore motore	n° cod. filtro	pagina diario
olio scaricato ... L	olio messo ... L		marca e gradazione dell'olio	
data	motore S / D	ore motore	n° cod. filtro	pagina diario
olio scaricato ... L	olio messo ... L		marca e gradazione dell'olio	

Cambio Olio Motore

Note_____

data		motore S / D	ore motore	n° cod. filtro	pagina diario
olio scaricato		olio messo		marca e gradazione dell'olio	
	L		L		
data		motore S / D	ore motore	n° cod. filtro	pagina diario
olio scaricato		olio messo		marca e gradazione dell'olio	
	L		L		
data		motore S / D	ore motore	n° cod. filtro	pagina diario
olio scaricato		olio messo		marca e gradazione dell'olio	
	L		L		
data		motore S / D	ore motore	n° cod. filtro	pagina diario
olio scaricato		olio messo		marca e gradazione dell'olio	
	L		L		
data		motore S / D	ore motore	n° cod. filtro	pagina diario
olio scaricato		olio messo		marca e gradazione dell'olio	
	L		L		
data		motore S / D	ore motore	n° cod. filtro	pagina diario
olio scaricato		olio messo		marca e gradazione dell'olio	
	L		L		
data		motore S / D	ore motore	n° cod. filtro	pagina diario
olio scaricato		olio messo		marca e gradazione dell'olio	
	L		L		
data		motore S / D	ore motore	n° cod. filtro	pagina diario
olio scaricato		olio messo		marca e gradazione dell'olio	
	L		L		
data		motore S / D	ore motore	n° cod. filtro	pagina diario
olio scaricato		olio messo		marca e gradazione dell'olio	
	L		L		
data		motore S / D	ore motore	n° cod. filtro	pagina diario
olio scaricato		olio messo		marca e gradazione dell'olio	
	L		L		
data		motore S / D	ore motore	n° cod. filtro	pagina diario
olio scaricato		olio messo		marca e gradazione dell'olio	
	L		L		

Cambio Olio Motore

data	motore S / D	ore motore	n° cod. filtro	pagina diario
olio scaricato ___ L	olio messo ___ L		marca e gradazione dell'olio	
data	motore S / D	ore motore	n° cod. filtro	pagina diario
olio scaricato ___ L	olio messo ___ L		marca e gradazione dell'olio	
data	motore S / D	ore motore	n° cod. filtro	pagina diario
olio scaricato ___ L	olio messo ___ L		marca e gradazione dell'olio	
data	motore S / D	ore motore	n° cod. filtro	pagina diario
olio scaricato ___ L	olio messo ___ L		marca e gradazione dell'olio	
data	motore S / D	ore motore	n° cod. filtro	pagina diario
olio scaricato ___ L	olio messo ___ L		marca e gradazione dell'olio	
data	motore S / D	ore motore	n° cod. filtro	pagina diario
olio scaricato ___ L	olio messo ___ L		marca e gradazione dell'olio	

motore S / D – motore di Sinistra o di Dritta
n° cod. filtro – numero di codice filtro
pagina diario – vedere il diario alla pagina
   indicata
L – Litri

Sommario

data	motore S / D	ore motore	n° cod. filtro	pagina diario
olio scaricato ___ L	olio messo ___ L		marca e gradazione dell'olio	
data	motore S / D	ore motore	n° cod. filtro	pagina diario
olio scaricato ___ L	olio messo ___ L		marca e gradazione dell'olio	
data	motore S / D	ore motore	n° cod. filtro	pagina diario
olio scaricato ___ L	olio messo ___ L		marca e gradazione dell'olio	
data	motore S / D	ore motore	n° cod. filtro	pagina diario
olio scaricato ___ L	olio messo ___ L		marca e gradazione dell'olio	

Cambio Olio Motore

Note_____

data	motore S / D	ore motore	n° cod. filtro	pagina diario
olio scaricato	olio messo		marca e gradazione dell'olio	
	L	L		
data	motore S / D	ore motore	n° cod. filtro	pagina diario
olio scaricato	olio messo		marca e gradazione dell'olio	
	L	L		
data	motore S / D	ore motore	n° cod. filtro	pagina diario
olio scaricato	olio messo		marca e gradazione dell'olio	
	L	L		
data	motore S / D	ore motore	n° cod. filtro	pagina diario
olio scaricato	olio messo		marca e gradazione dell'olio	
	L	L		
data	motore S / D	ore motore	n° cod. filtro	pagina diario
olio scaricato	olio messo		marca e gradazione dell'olio	
	L	L		
data	motore S / D	ore motore	n° cod. filtro	pagina diario
olio scaricato	olio messo		marca e gradazione dell'olio	
	L	L		
data	motore S / D	ore motore	n° cod. filtro	pagina diario
olio scaricato	olio messo		marca e gradazione dell'olio	
	L	L		
data	motore S / D	ore motore	n° cod. filtro	pagina diario
olio scaricato	olio messo		marca e gradazione dell'olio	
	L	L		
data	motore S / D	ore motore	n° cod. filtro	pagina diario
olio scaricato	olio messo		marca e gradazione dell'olio	
	L	L		
data	motore S / D	ore motore	n° cod. filtro	pagina diario
olio scaricato	olio messo		marca e gradazione dell'olio	
	L	L		
data	motore S / D	ore motore	n° cod. filtro	pagina diario
olio scaricato	olio messo		marca e gradazione dell'olio	
	L	L		

Cambio Olio Motore

data	motore S / D	ore motore	n° cod. filtro	pagina diario
olio scaricato	olio messo	marca e gradazione dell'olio		
L	L			
data	motore S / D	ore motore	n° cod. filtro	pagina diario
olio scaricato	olio messo	marca e gradazione dell'olio		
L	L			
data	motore S / D	ore motore	n° cod. filtro	pagina diario
olio scaricato	olio messo	marca e gradazione dell'olio		
L	L			
data	motore S / D	ore motore	n° cod. filtro	pagina diario
olio scaricato	olio messo	marca e gradazione dell'olio		
L	L			
data	motore S / D	ore motore	n° cod. filtro	pagina diario
olio scaricato	olio messo	marca e gradazione dell'olio		
L	L			
data	motore S / D	ore motore	n° cod. filtro	pagina diario
olio scaricato	olio messo	marca e gradazione dell'olio		
L	L			

motore S / D – motore di Sinistra o di Dritta
n° cod. filtro – numero di codice filtro
pagina diario – vedere il diario alla pagina
  indicata
L – Litri

Sommario

data	motore S / D	ore motore	n° cod. filtro	pagina diario
olio scaricato	olio messo	marca e gradazione dell'olio		
L	L			
data	motore S / D	ore motore	n° cod. filtro	pagina diario
olio scaricato	olio messo	marca e gradazione dell'olio		
L	L			
data	motore S / D	ore motore	n° cod. filtro	pagina diario
olio scaricato	olio messo	marca e gradazione dell'olio		
L	L			
data	motore S / D	ore motore	n° cod. filtro	pagina diario
olio scaricato	olio messo	marca e gradazione dell'olio		
L	L			

Cambio Fluido* Invertitore/Trasmissione

Note_____

data		motore S / D	ore motore	colore ATF	pagina diario
ATF scaricato		ATF fresco		marca e tipo ATF	
	L		L		
data		motore S / D	ore motore	colore ATF	pagina diario
ATF scaricato		ATF fresco		marca e tipo ATF	
	L		L		
data		motore S / D	ore motore	colore ATF	pagina diario
ATF scaricato		ATF fresco		marca e tipo ATF	
	L		L		
data		motore S / D	ore motore	colore ATF	pagina diario
ATF scaricato		ATF fresco		marca e tipo ATF	
	L		L		
data		motore S / D	ore motore	colore ATF	pagina diario
ATF scaricato		ATF fresco		marca e tipo ATF	
	L		L		
data		motore S / D	ore motore	colore ATF	pagina diario
ATF scaricato		ATF fresco		marca e tipo ATF	
	L		L		
data		motore S / D	ore motore	colore ATF	pagina diario
ATF scaricato		ATF fresco		marca e tipo ATF	
	L		L		
data		motore S / D	ore motore	colore ATF	pagina diario
ATF scaricato		ATF fresco		marca e tipo ATF	
	L		L		
data		motore S / D	ore motore	colore ATF	pagina diario
ATF scaricato		ATF fresco		marca e tipo ATF	
	L		L		
data		motore S / D	ore motore	colore ATF	pagina diario
ATF scaricato		ATF fresco		marca e tipo ATF	
	L		L		
data		motore S / D	ore motore	colore ATF	pagina diario
ATF scaricato		ATF fresco		marca e tipo ATF	
	L		L		

Cambio Fluido* Invertitore/Trasmissione

data	motore S / D	ore motore	colore ATF	pagina diario
ATF scaricato	ATF fresco		marca e tipo ATF	
	L	L		
data	motore S / D	ore motore	colore ATF	pagina diario
ATF scaricato	ATF fresco		marca e tipo ATF	
	L	L		
data	motore S / D	ore motore	colore ATF	pagina diario
ATF scaricato	ATF fresco		marca e tipo ATF	
	L	L		
data	motore S / D	ore motore	colore ATF	pagina diario
ATF scaricato	ATF fresco		marca e tipo ATF	
	L	L		
data	motore S / D	ore motore	colore ATF	pagina diario
ATF scaricato	ATF fresco		marca e tipo ATF	
	L	L		
data	motore S / D	ore motore	colore ATF	pagina diario
ATF scaricato	ATF fresco		marca e tipo ATF	
	L	L		

motore S / D – motore di Sinistra o di Dritta
pagina diario – vedere il diario alla pagina indicata
L – Litri

Sommario

*Consultare il manuale per ATF o Olio Motore

data	motore S / D	ore motore	colore ATF	pagina diario
ATF scaricato	ATF fresco		marca e tipo ATF	
	L	L		
data	motore S / D	ore motore	colore ATF	pagina diario
ATF scaricato	ATF fresco		marca e tipo ATF	
	L	L		
data	motore S / D	ore motore	colore ATF	pagina diario
ATF scaricato	ATF fresco		marca e tipo ATF	
	L	L		
data	motore S / D	ore motore	colore ATF	pagina diario
ATF scaricato	ATF fresco		marca e tipo ATF	
	L	L		

Cambio Fluido* Invertitore/Trasmissione

Note_____

data		motore S / D	ore motore	colore ATF		pagina diario
ATF scaricato	L	ATF fresco	L	marca e tipo ATF		
data		motore S / D	ore motore	colore ATF		pagina diario
ATF scaricato	L	ATF fresco	L	marca e tipo ATF		
data		motore S / D	ore motore	colore ATF		pagina diario
ATF scaricato	L	ATF fresco	L	marca e tipo ATF		
data		motore S / D	ore motore	colore ATF		pagina diario
ATF scaricato	L	ATF fresco	L	marca e tipo ATF		
data		motore S / D	ore motore	colore ATF		pagina diario
ATF scaricato	L	ATF fresco	L	marca e tipo ATF		
data		motore S / D	ore motore	colore ATF		pagina diario
ATF scaricato	L	ATF fresco	L	marca e tipo ATF		
data		motore S / D	ore motore	colore ATF		pagina diario
ATF scaricato	L	ATF fresco	L	marca e tipo ATF		
data		motore S / D	ore motore	colore ATF		pagina diario
ATF scaricato	L	ATF fresco	L	marca e tipo ATF		
data		motore S / D	ore motore	colore ATF		pagina diario
ATF scaricato	L	ATF fresco	L	marca e tipo ATF		
data		motore S / D	ore motore	colore ATF		pagina diario
ATF scaricato	L	ATF fresco	L	marca e tipo ATF		
data		motore S / D	ore motore	colore ATF		pagina diario
ATF scaricato	L	ATF fresco	L	marca e tipo ATF		

Cambio Fluido* Invertitore/Trasmissione

data		motore S / D	ore motore	colore ATF	pagina diario
ATF scaricato		ATF fresco		marca e tipo ATF	
	L		L		
data		motore S / D	ore motore	colore ATF	pagina diario
ATF scaricato		ATF fresco		marca e tipo ATF	
	L		L		
data		motore S / D	ore motore	colore ATF	pagina diario
ATF scaricato		ATF fresco		marca e tipo ATF	
	L		L		
data		motore S / D	ore motore	colore ATF	pagina diario
ATF scaricato		ATF fresco		marca e tipo ATF	
	L		L		
data		motore S / D	ore motore	colore ATF	pagina diario
ATF scaricato		ATF fresco		marca e tipo ATF	
	L		L		
data		motore S / D	ore motore	colore ATF	pagina diario
ATF scaricato		ATF fresco		marca e tipo ATF	
	L		L		

motore S / D – motore di Sinistra o di Dritta
pagina diario – vedere il diario alla pagina indicata
L – Litri

Sommario

*Consultare il manuale per ATF o Olio Motore

data		motore S / D	ore motore	colore ATF	pagina diario
ATF scaricato		ATF fresco		marca e tipo ATF	
	L		L		
data		motore S / D	ore motore	colore ATF	pagina diario
ATF scaricato		ATF fresco		marca e tipo ATF	
	L		L		
data		motore S / D	ore motore	colore ATF	pagina diario
ATF scaricato		ATF fresco		marca e tipo ATF	
	L		L		
data		motore S / D	ore motore	colore ATF	pagina diario
ATF scaricato		ATF fresco		marca e tipo ATF	
	L		L		

Sostituzioni Filtro Separatore

Note_____

data	motore S / D	ore motore	dim. in micron	pagina diario
marca e n° codice del filtro			condizioni filtro olio	

data	motore S / D	ore motore	dim. in micron	pagina diario
marca e n° codice del filtro			condizioni filtro olio	

data	motore S / D	ore motore	dim. in micron	pagina diario
marca e n° codice del filtro			condizioni filtro olio	

data	motore S / D	ore motore	dim. in micron	pagina diario
marca e n° codice del filtro			condizioni filtro olio	

data	motore S / D	ore motore	dim. in micron	pagina diario
marca e n° codice del filtro			condizioni filtro olio	

data	motore S / D	ore motore	dim. in micron	pagina diario
marca e n° codice del filtro			condizioni filtro olio	

data	motore S / D	ore motore	dim. in micron	pagina diario
marca e n° codice del filtro			condizioni filtro olio	

data	motore S / D	ore motore	dim. in micron	pagina diario
marca e n° codice del filtro			condizioni filtro olio	

data	motore S / D	ore motore	dim. in micron	pagina diario
marca e n° codice del filtro			condizioni filtro olio	

data	motore S / D	ore motore	dim. in micron	pagina diario
marca e n° codice del filtro			condizioni filtro olio	

data	motore S / D	ore motore	dim. in micron	pagina diario
marca e n° codice del filtro			condizioni filtro olio	

Sostituzioni Filtro Separatore

data	motore S / D	ore motore	dim. in micron	pagina diario
marca e n° codice del filtro		condizioni filtro olio		
data	motore S / D	ore motore	dim. in micron	pagina diario
marca e n° codice del filtro		condizioni filtro olio		
data	motore S / D	ore motore	dim. in micron	pagina diario
marca e n° codice del filtro		condizioni filtro olio		
data	motore S / D	ore motore	dim. in micron	pagina diario
marca e n° codice del filtro		condizioni filtro olio		
data	motore S / D	ore motore	dim. in micron	pagina diario
marca e n° codice del filtro		condizioni filtro olio		
data	motore S / D	ore motore	dim. in micron	pagina diario
marca e n° codice del filtro		condizioni filtro olio		

motore S / D – motore di Sinistra o di Dritta
dim in micron – dimensione in micron
pag. diario – vedere il diario alla pagina
   indicata

il migliore
Filtro
carburante
diesel
10 micron

Sommario

data	motore S / D	ore motore	dim. in micron	pagina diario
marca e n° codice del filtro		condizioni filtro olio		
data	motore S / D	ore motore	dim. in micron	pagina diario
marca e n° codice del filtro		condizioni filtro olio		
data	motore S / D	ore motore	dim. in micron	pagina diario
marca e n° codice del filtro		condizioni filtro olio		
data	motore S / D	ore motore	dim. in micron	pagina diario
marca e n° codice del filtro		condizioni filtro olio		

Sostituzioni Filtro Separatore

Note_____

data	motore S / D	ore motore	dim. in micron	pagina diario
marca e n° codice del filtro		condizioni filtro olio		

data	motore S / D	ore motore	dim. in micron	pagina diario
marca e n° codice del filtro		condizioni filtro olio		

data	motore S / D	ore motore	dim. in micron	pagina diario
marca e n° codice del filtro		condizioni filtro olio		

data	motore S / D	ore motore	dim. in micron	pagina diario
marca e n° codice del filtro		condizioni filtro olio		

data	motore S / D	ore motore	dim. in micron	pagina diario
marca e n° codice del filtro		condizioni filtro olio		

data	motore S / D	ore motore	dim. in micron	pagina diario
marca e n° codice del filtro		condizioni filtro olio		

data	motore S / D	ore motore	dim. in micron	pagina diario
marca e n° codice del filtro		condizioni filtro olio		

data	motore S / D	ore motore	dim. in micron	pagina diario
marca e n° codice del filtro		condizioni filtro olio		

data	motore S / D	ore motore	dim. in micron	pagina diario
marca e n° codice del filtro		condizioni filtro olio		

data	motore S / D	ore motore	dim. in micron	pagina diario
marca e n° codice del filtro		condizioni filtro olio		

data	motore S / D	ore motore	dim. in micron	pagina diario
marca e n° codice del filtro		condizioni filtro olio		

Sostituzioni Filtro Separatore

data	motore S / D	ore motore	dim. in micron	pagina diario
marca e n° codice del filtro			condizioni filtro olio	
data	motore S / D	ore motore	dim. in micron	pagina diario
marca e n° codice del filtro			condizioni filtro olio	
data	motore S / D	ore motore	dim. in micron	pagina diario
marca e n° codice del filtro			condizioni filtro olio	
data	motore S / D	ore motore	dim. in micron	pagina diario
marca e n° codice del filtro			condizioni filtro olio	
data	motore S / D	ore motore	dim. in micron	pagina diario
marca e n° codice del filtro			condizioni filtro olio	
data	motore S / D	ore motore	dim. in micron	pagina diario
marca e n° codice del filtro			condizioni filtro olio	

motore S / D – motore di Sinistra o di Dritta
dim in micron – dimensione in micron
pag. diario – vedere il diario alla pagina
    indicata

il migliore
Filtro
carburante
diesel
10 micron

Sommario

data	motore S / D	ore motore	dim. in micron	pagina diario
marca e n° codice del filtro			condizioni filtro olio	
data	motore S / D	ore motore	dim. in micron	pagina diario
marca e n° codice del filtro			condizioni filtro olio	
data	motore S / D	ore motore	dim. in micron	pagina diario
marca e n° codice del filtro			condizioni filtro olio	
data	motore S / D	ore motore	dim. in micron	pagina diario
marca e n° codice del filtro			condizioni filtro olio	

Cambio filtro Gasolio sul Motore

*Note*_____

data	motore S / D	ore motore	dim. in micron	pagina diario
marca e n° codice del filtro		condizioni filtro olio		
data	motore S / D	ore motore	dim. in micron	pagina diario
marca e n° codice del filtro		condizioni filtro olio		
data	motore S / D	ore motore	dim. in micron	pagina diario
marca e n° codice del filtro		condizioni filtro olio		
data	motore S / D	ore motore	dim. in micron	pagina diario
marca e n° codice del filtro		condizioni filtro olio		
data	motore S / D	ore motore	dim. in micron	pagina diario
marca e n° codice del filtro		condizioni filtro olio		
data	motore S / D	ore motore	dim. in micron	pagina diario
marca e n° codice del filtro		condizioni filtro olio		
data	motore S / D	ore motore	dim. in micron	pagina diario
marca e n° codice del filtro		condizioni filtro olio		
data	motore S / D	ore motore	dim. in micron	pagina diario
marca e n° codice del filtro		condizioni filtro olio		
data	motore S / D	ore motore	dim. in micron	pagina diario
marca e n° codice del filtro		condizioni filtro olio		
data	motore S / D	ore motore	dim. in micron	pagina diario
marca e n° codice del filtro		condizioni filtro olio		
data	motore S / D	ore motore	dim. in micron	pagina diario
marca e n° codice del filtro		condizioni filtro olio		

Cambio filtro Gasolio sul Motore

data	motore S / D	ore motore	dim. in micron	pagina diario
marca e n° codice del filtro			condizioni filtro olio	
data	motore S / D	ore motore	dim. in micron	pagina diario
marca e n° codice del filtro			condizioni filtro olio	
data	motore S / D	ore motore	dim. in micron	pagina diario
marca e n° codice del filtro			condizioni filtro olio	
data	motore S / D	ore motore	dim. in micron	pagina diario
marca e n° codice del filtro			condizioni filtro olio	
data	motore S / D	ore motore	dim. in micron	pagina diario
marca e n° codice del filtro			condizioni filtro olio	
data	motore S / D	ore motore	dim. in micron	pagina diario
marca e n° codice del filtro			condizioni filtro olio	

motore S / D – motore di Sinistra o di Dritta
dim in micron – dimensione in micron
pagina diario – vedere il diario alla pagina
   indicata

eccellente filtro carburante

Sommario

data	motore S / D	ore motore	dim. in micron	pagina diario
marca e n° codice del filtro			condizioni filtro olio	
data	motore S / D	ore motore	dim. in micron	pagina diario
marca e n° codice del filtro			condizioni filtro olio	
data	motore S / D	ore motore	dim. in micron	pagina diario
marca e n° codice del filtro			condizioni filtro olio	
data	motore S / D	ore motore	dim. in micron	pagina diario
marca e n° codice del filtro			condizioni filtro olio	

Cambio filtro Gasolio sul Motore

*Note*_____

data	motore S / D	ore motore	dim. in micron	pagina diario
marca e n° codice del filtro		condizioni filtro olio		
data	motore S / D	ore motore	dim. in micron	pagina diario
marca e n° codice del filtro		condizioni filtro olio		
data	motore S / D	ore motore	dim. in micron	pagina diario
marca e n° codice del filtro		condizioni filtro olio		
data	motore S / D	ore motore	dim. in micron	pagina diario
marca e n° codice del filtro		condizioni filtro olio		
data	motore S / D	ore motore	dim. in micron	pagina diario
marca e n° codice del filtro		condizioni filtro olio		
data	motore S / D	ore motore	dim. in micron	pagina diario
marca e n° codice del filtro		condizioni filtro olio		
data	motore S / D	ore motore	dim. in micron	pagina diario
marca e n° codice del filtro		condizioni filtro olio		
data	motore S / D	ore motore	dim. in micron	pagina diario
marca e n° codice del filtro		condizioni filtro olio		
data	motore S / D	ore motore	dim. in micron	pagina diario
marca e n° codice del filtro		condizioni filtro olio		
data	motore S / D	ore motore	dim. in micron	pagina diario
marca e n° codice del filtro		condizioni filtro olio		
data	motore S / D	ore motore	dim. in micron	pagina diario
marca e n° codice del filtro		condizioni filtro olio		

Cambio filtro Gasolio sul Motore

data	motore S / D	ore motore	dim. in micron	pagina diario
marca e n° codice del filtro			condizioni filtro olio	
data	motore S / D	ore motore	dim. in micron	pagina diario
marca e n° codice del filtro			condizioni filtro olio	
data	motore S / D	ore motore	dim. in micron	pagina diario
marca e n° codice del filtro			condizioni filtro olio	
data	motore S / D	ore motore	dim. in micron	pagina diario
marca e n° codice del filtro			condizioni filtro olio	
data	motore S / D	ore motore	dim. in micron	pagina diario
marca e n° codice del filtro			condizioni filtro olio	
data	motore S / D	ore motore	dim. in micron	pagina diario
marca e n° codice del filtro			condizioni filtro olio	

motore S / D – motore di Sinistra o di Dritta
dim in micron – dimensione in micron
pagina diario – vedere il diario alla pagina
   indicata

eccellente filtro carburante
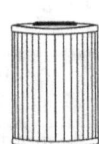

Sommario

data	motore S / D	ore motore	dim. in micron	pagina diario
marca e n° codice del filtro			condizioni filtro olio	
data	motore S / D	ore motore	dim. in micron	pagina diario
marca e n° codice del filtro			condizioni filtro olio	
data	motore S / D	ore motore	dim. in micron	pagina diario
marca e n° codice del filtro			condizioni filtro olio	
data	motore S / D	ore motore	dim. in micron	pagina diario
marca e n° codice del filtro			condizioni filtro olio	

Controllo Girante Pompa Acqua di Mare & Sostituzioni

Note_____

data	motore S/D	ore motore	girante sostituita? S / N	pagina diario
marca e n° codice della girante		condizioni vecchia girante		

data	motore S/D	ore motore	girante sostituita? S / N	pagina diario
marca e n° codice della girante		condizioni vecchia girante		

data	motore S/D	ore motore	girante sostituita? S / N	pagina diario
marca e n° codice della girante		condizioni vecchia girante		

data	motore S/D	ore motore	girante sostituita? S / N	pagina diario
marca e n° codice della girante		condizioni vecchia girante		

data	motore S/D	ore motore	girante sostituita? S / N	pagina diario
marca e n° codice della girante		condizioni vecchia girante		

data	motore S/D	ore motore	girante sostituita? S / N	pagina diario
marca e n° codice della girante		condizioni vecchia girante		

data	motore S/D	ore motore	girante sostituita? S / N	pagina diario
marca e n° codice della girante		condizioni vecchia girante		

data	motore S/D	ore motore	girante sostituita? S / N	pagina diario
marca e n° codice della girante		condizioni vecchia girante		

data	motore S/D	ore motore	girante sostituita? S / N	pagina diario
marca e n° codice della girante		condizioni vecchia girante		

data	motore S/D	ore motore	girante sostituita? S / N	pagina diario
marca e n° codice della girante		condizioni vecchia girante		

data	motore S/D	ore motore	girante sostituita? S / N	pagina diario
marca e n° codice della girante		condizioni vecchia girante		

Controllo Girante Pompa Acqua di Mare & Sostituzioni

data	motore S/D	ore motore	girante sostituita? S / N	pagina diario
marca e n° codice della girante			condizioni vecchia girante	

data	motore S/D	ore motore	girante sostituita? S / N	pagina diario
marca e n° codice della girante			condizioni vecchia girante	

data	motore S/D	ore motore	girante sostituita? S / N	pagina diario
marca e n° codice della girante			condizioni vecchia girante	

data	motore S/D	ore motore	girante sostituita? S / N	pagina diario
marca e n° codice della girante			condizioni vecchia girante	

data	motore S/D	ore motore	girante sostituita? S / N	pagina diario
marca e n° codice della girante			condizioni vecchia girante	

data	motore S/D	ore motore	girante sostituita? S / N	pagina diario
marca e n° codice della girante			condizioni vecchia girante	

motore S / D – motore di Sinistra o di Dritta
S / N – Sì / No
pagina diario – vedere il diario alla pagina
   indicata

Sommario

data	motore S/D	ore motore	girante sostituita? S / N	pagina diario
marca e n° codice della girante			condizioni vecchia girante	

data	motore S/D	ore motore	girante sostituita? S / N	pagina diario
marca e n° codice della girante			condizioni vecchia girante	

data	motore S/D	ore motore	girante sostituita? S / N	pagina diario
marca e n° codice della girante			condizioni vecchia girante	

data	motore S/D	ore motore	girante sostituita? S / N	pagina diario
marca e n° codice della girante			condizioni vecchia girante	

Controllo Girante Pompa Acqua di Mare & Sostituzioni

*Note*_____

data	motore S/D	ore motore	girante sostituita? S / N	pagina diario
marca e n° codice della girante			condizioni vecchia girante	
data	motore S/D	ore motore	girante sostituita? S / N	pagina diario
marca e n° codice della girante			condizioni vecchia girante	
data	motore S/D	ore motore	girante sostituita? S / N	pagina diario
marca e n° codice della girante			condizioni vecchia girante	
data	motore S/D	ore motore	girante sostituita? S / N	pagina diario
marca e n° codice della girante			condizioni vecchia girante	
data	motore S/D	ore motore	girante sostituita? S / N	pagina diario
marca e n° codice della girante			condizioni vecchia girante	
data	motore S/D	ore motore	girante sostituita? S / N	pagina diario
marca e n° codice della girante			condizioni vecchia girante	
data	motore S/D	ore motore	girante sostituita? S / N	pagina diario
marca e n° codice della girante			condizioni vecchia girante	
data	motore S/D	ore motore	girante sostituita? S / N	pagina diario
marca e n° codice della girante			condizioni vecchia girante	
data	motore S/D	ore motore	girante sostituita? S / N	pagina diario
marca e n° codice della girante			condizioni vecchia girante	
data	motore S/D	ore motore	girante sostituita? S / N	pagina diario
marca e n° codice della girante			condizioni vecchia girante	
data	motore S/D	ore motore	girante sostituita? S / N	pagina diario
marca e n° codice della girante			condizioni vecchia girante	

Controllo Girante Pompa Acqua di Mare & Sostituzioni

data	motore S/D	ore motore	girante sostituita? S / N	pagina diario
marca e n° codice della girante		condizioni vecchia girante		
data	motore S/D	ore motore	girante sostituita? S / N	pagina diario
marca e n° codice della girante		condizioni vecchia girante		
data	motore S/D	ore motore	girante sostituita? S / N	pagina diario
marca e n° codice della girante		condizioni vecchia girante		
data	motore S/D	ore motore	girante sostituita? S / N	pagina diario
marca e n° codice della girante		condizioni vecchia girante		
data	motore S/D	ore motore	girante sostituita? S / N	pagina diario
marca e n° codice della girante		condizioni vecchia girante		
data	motore S/D	ore motore	girante sostituita? S / N	pagina diario
marca e n° codice della girante		condizioni vecchia girante		

motore S / D – motore di Sinistra o di Dritta
S / N – Sì / No
pagina diario – vedere il diario alla pagina indicata

Sommario

data	motore S/D	ore motore	girante sostituita? S / N	pagina diario
marca e n° codice della girante		condizioni vecchia girante		
data	motore S/D	ore motore	girante sostituita? S / N	pagina diario
marca e n° codice della girante		condizioni vecchia girante		
data	motore S/D	ore motore	girante sostituita? S / N	pagina diario
marca e n° codice della girante		condizioni vecchia girante		
data	motore S/D	ore motore	girante sostituita? S / N	pagina diario
marca e n° codice della girante		condizioni vecchia girante		

Drenaggio e rabbocco del liquido di raffreddamento/antigelo del motore

Note_____

data	motore S/D	ora motore	stato vecchio liquido	pagina diario
liquido tolto		liquido immesso	marca e tipo di liquido	
	L		L	
data	motore S/D	ora motore	stato vecchio liquido	pagina diario
liquido tolto		liquido immesso	marca e tipo di liquido	
	L		L	
data	motore S/D	ora motore	stato vecchio liquido	pagina diario
liquido tolto		liquido immesso	marca e tipo di liquido	
	L		L	
data	motore S/D	ora motore	stato vecchio liquido	pagina diario
liquido tolto		liquido immesso	marca e tipo di liquido	
	L		L	
data	motore S/D	ora motore	stato vecchio liquido	pagina diario
liquido tolto		liquido immesso	marca e tipo di liquido	
	L		L	
data	motore S/D	ora motore	stato vecchio liquido	pagina diario
liquido tolto		liquido immesso	marca e tipo di liquido	
	L		L	
data	motore S/D	ora motore	stato vecchio liquido	pagina diario
liquido tolto		liquido immesso	marca e tipo di liquido	
	L		L	
data	motore S/D	ora motore	stato vecchio liquido	pagina diario
liquido tolto		liquido immesso	marca e tipo di liquido	
	L		L	
data	motore S/D	ora motore	stato vecchio liquido	pagina diario
liquido tolto		liquido immesso	marca e tipo di liquido	
	L		L	
data	motore S/D	ora motore	stato vecchio liquido	pagina diario
liquido tolto		liquido immesso	marca e tipo di liquido	
	L		L	
data	motore S/D	ora motore	stato vecchio liquido	pagina diario
liquido tolto		liquido immesso	marca e tipo di liquido	
	L		L	

Drenaggio e rabbocco del liquido di raffreddamento/antigelo del motore

data	motore S/D	ora motore	stato vecchio liquido	pagina diario
liquido tolto	liquido immesso		marca e tipo di liquido	
L	L			
data	motore S/D	ora motore	stato vecchio liquido	pagina diario
liquido tolto	liquido immesso		marca e tipo di liquido	
L	L			
data	motore S/D	ora motore	stato vecchio liquido	pagina diario
liquido tolto	liquido immesso		marca e tipo di liquido	
L	L			
data	motore S/D	ora motore	stato vecchio liquido	pagina diario
liquido tolto	liquido immesso		marca e tipo di liquido	
L	L			
data	motore S/D	ora motore	stato vecchio liquido	pagina diario
liquido tolto	liquido immesso		marca e tipo di liquido	
L	L			
data	motore S/D	ora motore	stato vecchio liquido	pagina diario
liquido tolto	liquido immesso		marca e tipo di liquido	
L	L			

motore S / D – motore di Sinistra o di Dritta
pagina diario – vedere il diario alla pagina
   indicata
L – Litri

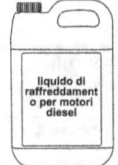

Sommario

data	motore S/D	ora motore	stato vecchio liquido	pagina diario
liquido tolto	liquido immesso		marca e tipo di liquido	
L	L			
data	motore S/D	ora motore	stato vecchio liquido	pagina diario
liquido tolto	liquido immesso		marca e tipo di liquido	
L	L			
data	motore S/D	ora motore	stato vecchio liquido	pagina diario
liquido tolto	liquido immesso		marca e tipo di liquido	
L	L			
data	motore S/D	ora motore	stato vecchio liquido	pagina diario
liquido tolto	liquido immesso		marca e tipo di liquido	
L	L			

Drenaggio e rabbocco del liquido di raffreddamento/antigelo del motore

*Note*_____

data	motore S/D	ora motore	stato vecchio liquido	pagina diario
liquido tolto		liquido immesso	marca e tipo di liquido	
	L		L	
data	motore S/D	ora motore	stato vecchio liquido	pagina diario
liquido tolto		liquido immesso	marca e tipo di liquido	
	L		L	
data	motore S/D	ora motore	stato vecchio liquido	pagina diario
liquido tolto		liquido immesso	marca e tipo di liquido	
	L		L	
data	motore S/D	ora motore	stato vecchio liquido	pagina diario
liquido tolto		liquido immesso	marca e tipo di liquido	
	L		L	
data	motore S/D	ora motore	stato vecchio liquido	pagina diario
liquido tolto		liquido immesso	marca e tipo di liquido	
	L		L	
data	motore S/D	ora motore	stato vecchio liquido	pagina diario
liquido tolto		liquido immesso	marca e tipo di liquido	
	L		L	
data	motore S/D	ora motore	stato vecchio liquido	pagina diario
liquido tolto		liquido immesso	marca e tipo di liquido	
	L		L	
data	motore S/D	ora motore	stato vecchio liquido	pagina diario
liquido tolto		liquido immesso	marca e tipo di liquido	
	L		L	
data	motore S/D	ora motore	stato vecchio liquido	pagina diario
liquido tolto		liquido immesso	marca e tipo di liquido	
	L		L	
data	motore S/D	ora motore	stato vecchio liquido	pagina diario
liquido tolto		liquido immesso	marca e tipo di liquido	
	L		L	
data	motore S/D	ora motore	stato vecchio liquido	pagina diario
liquido tolto		liquido immesso	marca e tipo di liquido	
	L		L	

Drenaggio e rabbocco del liquido di raffreddamento/antigelo del motore

data	motore S/D	ora motore	stato vecchio liquido	pagina diario
liquido tolto L		liquido immesso L	marca e tipo di liquido	
data	motore S/D	ora motore	stato vecchio liquido	pagina diario
liquido tolto L		liquido immesso L	marca e tipo di liquido	
data	motore S/D	ora motore	stato vecchio liquido	pagina diario
liquido tolto L		liquido immesso L	marca e tipo di liquido	
data	motore S/D	ora motore	stato vecchio liquido	pagina diario
liquido tolto L		liquido immesso L	marca e tipo di liquido	
data	motore S/D	ora motore	stato vecchio liquido	pagina diario
liquido tolto L		liquido immesso L	marca e tipo di liquido	
data	motore S/D	ora motore	stato vecchio liquido	pagina diario
liquido tolto L		liquido immesso L	marca e tipo di liquido	

motore S / D – motore di Sinistra o di Dritta
pagina diario – vedere il diario alla pagina
   indicata
L – Litri

Sommario

data	motore S/D	ora motore	stato vecchio liquido	pagina diario
liquido tolto L		liquido immesso L	marca e tipo di liquido	
data	motore S/D	ora motore	stato vecchio liquido	pagina diario
liquido tolto L		liquido immesso L	marca e tipo di liquido	
data	motore S/D	ora motore	stato vecchio liquido	pagina diario
liquido tolto L		liquido immesso L	marca e tipo di liquido	
data	motore S/D	ora motore	stato vecchio liquido	pagina diario
liquido tolto L		liquido immesso L	marca e tipo di liquido	

Controllo & Sostituzione di tutti gli Anodi dell'Imbarcazione

*Note*_____

data	motore S/D	ora motore	posizione anodo	pagina diario
condizioni vecchio anodo		anodo cambiato? S / N	anodo tipo	
data	motore S/D	ora motore	posizione anodo	pagina diario
condizioni vecchio anodo		anodo cambiato? S / N	anodo tipo	
data	motore S/D	ora motore	posizione anodo	pagina diario
condizioni vecchio anodo		anodo cambiato? S / N	anodo tipo	
data	motore S/D	ora motore	posizione anodo	pagina diario
condizioni vecchio anodo		anodo cambiato? S / N	anodo tipo	
data	motore S/D	ora motore	posizione anodo	pagina diario
condizioni vecchio anodo		anodo cambiato? S / N	anodo tipo	
data	motore S/D	ora motore	posizione anodo	pagina diario
condizioni vecchio anodo		anodo cambiato? S / N	anodo tipo	
data	motore S/D	ora motore	posizione anodo	pagina diario
condizioni vecchio anodo		anodo cambiato? S / N	anodo tipo	
data	motore S/D	ora motore	posizione anodo	pagina diario
condizioni vecchio anodo		anodo cambiato? S / N	anodo tipo	
data	motore S/D	ora motore	posizione anodo	pagina diario
condizioni vecchio anodo		anodo cambiato? S / N	anodo tipo	
data	motore S/D	ora motore	posizione anodo	pagina diario
condizioni vecchio anodo		anodo cambiato? S / N	anodo tipo	
data	motore S/D	ora motore	posizione anodo	pagina diario
condizioni vecchio anodo		anodo cambiato? S / N	anodo tipo	

Controllo & Sostituzione di tutti gli Anodi dell'Imbarcazione

data	motore S/D	ora motore	posizione anodo	pagina diario
condizioni vecchio anodo		anodo cambiato? S / N	anodo tipo	
data	motore S/D	ora motore	posizione anodo	pagina diario
condizioni vecchio anodo		anodo cambiato? S / N	anodo tipo	
data	motore S/D	ora motore	posizione anodo	pagina diario
condizioni vecchio anodo		anodo cambiato? S / N	anodo tipo	
data	motore S/D	ora motore	posizione anodo	pagina diario
condizioni vecchio anodo		anodo cambiato? S / N	anodo tipo	
data	motore S/D	ora motore	posizione anodo	pagina diario
condizioni vecchio anodo		anodo cambiato? S / N	anodo tipo	
data	motore S/D	ora motore	posizione anodo	pagina diario
condizioni vecchio anodo		anodo cambiato? S / N	anodo tipo	

motore S / D – motore di Sinistra o di Dritta
pagina diario – vedere il diario alla pagina
   indicata
S / N – Sì / No

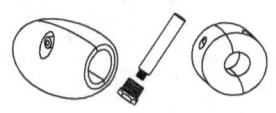

Sommario

<u>non utilizzare anodi di tipo diverso – zinco, magnesio, alluminio</u>

data	motore S/D	ora motore	posizione anodo	pagina diario
condizioni vecchio anodo		anodo cambiato? S / N	anodo tipo	
data	motore S/D	ora motore	posizione anodo	pagina diario
condizioni vecchio anodo		anodo cambiato? S / N	anodo tipo	
data	motore S/D	ora motore	posizione anodo	pagina diario
condizioni vecchio anodo		anodo cambiato? S / N	anodo tipo	
data	motore S/D	ora motore	posizione anodo	pagina diario
condizioni vecchio anodo		anodo cambiato? S / N	anodo tipo	

Controllo & Sostituzione di tutti gli Anodi dell'Imbarcazione

*Note*_____

data	motore S/D	ora motore	posizione anodo	pagina diario
condizioni vecchio anodo		anodo cambiato? S / N	anodo tipo	
data	motore S/D	ora motore	posizione anodo	pagina diario
condizioni vecchio anodo		anodo cambiato? S / N	anodo tipo	
data	motore S/D	ora motore	posizione anodo	pagina diario
condizioni vecchio anodo		anodo cambiato? S / N	anodo tipo	
data	motore S/D	ora motore	posizione anodo	pagina diario
condizioni vecchio anodo		anodo cambiato? S / N	anodo tipo	
data	motore S/D	ora motore	posizione anodo	pagina diario
condizioni vecchio anodo		anodo cambiato? S / N	anodo tipo	
data	motore S/D	ora motore	posizione anodo	pagina diario
condizioni vecchio anodo		anodo cambiato? S / N	anodo tipo	
data	motore S/D	ora motore	posizione anodo	pagina diario
condizioni vecchio anodo		anodo cambiato? S / N	anodo tipo	
data	motore S/D	ora motore	posizione anodo	pagina diario
condizioni vecchio anodo		anodo cambiato? S / N	anodo tipo	
data	motore S/D	ora motore	posizione anodo	pagina diario
condizioni vecchio anodo		anodo cambiato? S / N	anodo tipo	
data	motore S/D	ora motore	posizione anodo	pagina diario
condizioni vecchio anodo		anodo cambiato? S / N	anodo tipo	
data	motore S/D	ora motore	posizione anodo	pagina diario
condizioni vecchio anodo		anodo cambiato? S / N	anodo tipo	

Controllo & Sostituzione di tutti gli Anodi dell'Imbarcazione

data	motore S/D	ora motore	posizione anodo	pagina diario
condizioni vecchio anodo		anodo cambiato? S / N	anodo tipo	
data	motore S/D	ora motore	posizione anodo	pagina diario
condizioni vecchio anodo		anodo cambiato? S / N	anodo tipo	
data	motore S/D	ora motore	posizione anodo	pagina diario
condizioni vecchio anodo		anodo cambiato? S / N	anodo tipo	
data	motore S/D	ora motore	posizione anodo	pagina diario
condizioni vecchio anodo		anodo cambiato? S / N	anodo tipo	
data	motore S/D	ora motore	posizione anodo	pagina diario
condizioni vecchio anodo		anodo cambiato? S / N	anodo tipo	
data	motore S/D	ora motore	posizione anodo	pagina diario
condizioni vecchio anodo		anodo cambiato? S / N	anodo tipo	

motore S / D – motore di Sinistra o di Dritta
pagina diario – vedere il diario alla pagina indicata
S / N – Sì / No

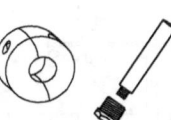

Sommario

non utilizzare anodi di tipo diverso – zinco, magnesio, alluminio

data	motore S/D	ora motore	posizione anodo	pagina diario
condizioni vecchio anodo		anodo cambiato? S / N	anodo tipo	
data	motore S/D	ora motore	posizione anodo	pagina diario
condizioni vecchio anodo		anodo cambiato? S / N	anodo tipo	
data	motore S/D	ora motore	posizione anodo	pagina diario
condizioni vecchio anodo		anodo cambiato? S / N	anodo tipo	
data	motore S/D	ora motore	posizione anodo	pagina diario
condizioni vecchio anodo		anodo cambiato? S / N	anodo tipo	

Cambio Olio Trasmissione Saildrive

Note_____

data	motore S/D	ora motore	condizioni vecchio olio	pagina diario
olio vecchio estratto		nuovo olio versato	Marca e tipo olio	
	L		L	
data	motore S/D	ora motore	condizioni vecchio olio	pagina diario
olio vecchio estratto		nuovo olio versato	Marca e tipo olio	
	L		L	
data	motore S/D	ora motore	condizioni vecchio olio	pagina diario
olio vecchio estratto		nuovo olio versato	Marca e tipo olio	
	L		L	
data	motore S/D	ora motore	condizioni vecchio olio	pagina diario
olio vecchio estratto		nuovo olio versato	Marca e tipo olio	
	L		L	
data	motore S/D	ora motore	condizioni vecchio olio	pagina diario
olio vecchio estratto		nuovo olio versato	Marca e tipo olio	
	L		L	
data	motore S/D	ora motore	condizioni vecchio olio	pagina diario
olio vecchio estratto		nuovo olio versato	Marca e tipo olio	
	L		L	
data	motore S/D	ora motore	condizioni vecchio olio	pagina diario
olio vecchio estratto		nuovo olio versato	Marca e tipo olio	
	L		L	
data	motore S/D	ora motore	condizioni vecchio olio	pagina diario
olio vecchio estratto		nuovo olio versato	Marca e tipo olio	
	L		L	
data	motore S/D	ora motore	condizioni vecchio olio	pagina diario
olio vecchio estratto		nuovo olio versato	Marca e tipo olio	
	L		L	
data	motore S/D	ora motore	condizioni vecchio olio	pagina diario
olio vecchio estratto		nuovo olio versato	Marca e tipo olio	
	L		L	
data	motore S/D	ora motore	condizioni vecchio olio	pagina diario
olio vecchio estratto		nuovo olio versato	Marca e tipo olio	
	L		L	

Cambio Olio Trasmissione Saildrive

data	motore S/D	ora motore	condizioni vecchio olio	pagina diario
olio vecchio estratto L		nuovo olio versato L	Marca e tipo olio	
data	motore S/D	ora motore	condizioni vecchio olio	pagina diario
olio vecchio estratto L		nuovo olio versato L	Marca e tipo olio	
data	motore S/D	ora motore	condizioni vecchio olio	pagina diario
olio vecchio estratto L		nuovo olio versato L	Marca e tipo olio	
data	motore S/D	ora motore	condizioni vecchio olio	pagina diario
olio vecchio estratto L		nuovo olio versato L	Marca e tipo olio	
data	motore S/D	ora motore	condizioni vecchio olio	pagina diario
olio vecchio estratto L		nuovo olio versato L	Marca e tipo olio	
data	motore S/D	ora motore	condizioni vecchio olio	pagina diario
olio vecchio estratto L		nuovo olio versato L	Marca e tipo olio	

motore S / D – motore di Sinistra o di Dritta
pagina diario – vedere il diario alla pagina indicata
L – Litri

olio per ingranaggi saildrive

Sommario

data	motore S/D	ora motore	condizioni vecchio olio	pagina diario
olio vecchio estratto		nuovo olio versato L	Marca e tipo olio L	
data	motore S/D	ora motore	condizioni vecchio olio	pagina diario
olio vecchio estratto		nuovo olio versato L	Marca e tipo olio L	
data	motore S/D	ora motore	condizioni vecchio olio	pagina diario
olio vecchio estratto		nuovo olio versato L	Marca e tipo olio L	
data	motore S/D	ora motore	condizioni vecchio olio	pagina diario
olio vecchio estratto		nuovo olio versato L	Marca e tipo olio L	

Cambio Olio Trasmissione Saildrive

Note_____

data	motore S/D	ora motore	condizioni vecchio olio	pagina diario
olio vecchio estratto	nuovo olio versato		Marca e tipo olio	
	L		L	
data	motore S/D	ora motore	condizioni vecchio olio	pagina diario
olio vecchio estratto	nuovo olio versato		Marca e tipo olio	
	L		L	
data	motore S/D	ora motore	condizioni vecchio olio	pagina diario
olio vecchio estratto	nuovo olio versato		Marca e tipo olio	
	L		L	
data	motore S/D	ora motore	condizioni vecchio olio	pagina diario
olio vecchio estratto	nuovo olio versato		Marca e tipo olio	
	L		L	
data	motore S/D	ora motore	condizioni vecchio olio	pagina diario
olio vecchio estratto	nuovo olio versato		Marca e tipo olio	
	L		L	
data	motore S/D	ora motore	condizioni vecchio olio	pagina diario
olio vecchio estratto	nuovo olio versato		Marca e tipo olio	
	L		L	
data	motore S/D	ora motore	condizioni vecchio olio	pagina diario
olio vecchio estratto	nuovo olio versato		Marca e tipo olio	
	L		L	
data	motore S/D	ora motore	condizioni vecchio olio	pagina diario
olio vecchio estratto	nuovo olio versato		Marca e tipo olio	
	L		L	
data	motore S/D	ora motore	condizioni vecchio olio	pagina diario
olio vecchio estratto	nuovo olio versato		Marca e tipo olio	
	L		L	
data	motore S/D	ora motore	condizioni vecchio olio	pagina diario
olio vecchio estratto	nuovo olio versato		Marca e tipo olio	
	L		L	
data	motore S/D	ora motore	condizioni vecchio olio	pagina diario
olio vecchio estratto	nuovo olio versato		Marca e tipo olio	
	L		L	

Cambio Olio Trasmissione Saildrive

data	motore S/D	ora motore	condizioni vecchio olio	pagina diario
olio vecchio estratto	nuovo olio versato		Marca e tipo olio	
L		L		
data	motore S/D	ora motore	condizioni vecchio olio	pagina diario
olio vecchio estratto	nuovo olio versato		Marca e tipo olio	
L		L		
data	motore S/D	ora motore	condizioni vecchio olio	pagina diario
olio vecchio estratto	nuovo olio versato		Marca e tipo olio	
L		L		
data	motore S/D	ora motore	condizioni vecchio olio	pagina diario
olio vecchio estratto	nuovo olio versato		Marca e tipo olio	
L		L		
data	motore S/D	ora motore	condizioni vecchio olio	pagina diario
olio vecchio estratto	nuovo olio versato		Marca e tipo olio	
L		L		
data	motore S/D	ora motore	condizioni vecchio olio	pagina diario
olio vecchio estratto	nuovo olio versato		Marca e tipo olio	
L		L		

motore S / D – motore di Sinistra o di Dritta
pagina diario – vedere il diario alla pagina
   indicata
L – Litri

olio per ingranaggi saildrive

Sommario

data	motore S/D	ora motore	condizioni vecchio olio	pagina diario
olio vecchio estratto	nuovo olio versato		Marca e tipo olio	
L		L		
data	motore S/D	ora motore	condizioni vecchio olio	pagina diario
olio vecchio estratto	nuovo olio versato		Marca e tipo olio	
L		L		
data	motore S/D	ora motore	condizioni vecchio olio	pagina diario
olio vecchio estratto	nuovo olio versato		Marca e tipo olio	
L		L		

Saildrive – Controlli e Sostituzioni della membrana di tenuta

*Note*_____

data	motore S/D	ora motore	codice	pagina diario
condizioni della membrana				

data	motore S/D	ora motore	codice	pagina diario
condizioni della membrana				

data	motore S/D	ora motore	codice	pagina diario
condizioni della membrana				

data	motore S/D	ora motore	codice	pagina diario
condizioni della membrana				

data	motore S/D	ora motore	codice	pagina diario
condizioni della membrana				

data	motore S/D	ora motore	codice	pagina diario
condizioni della membrana				

data	motore S/D	ora motore	codice	pagina diario
condizioni della membrana				

data	motore S/D	ora motore	codice	pagina diario
condizioni della membrana				

data	motore S/D	ora motore	codice	pagina diario
condizioni della membrana				

data	motore S/D	ora motore	codice	pagina diario
condizioni della membrana				

data	motore S/D	ora motore	codice	pagina diario
condizioni della membrana				

Saildrive – Controlli e Sostituzioni della membrana di tenuta

data	motore S/D	ora motore	codice	pagina diario
condizioni della membrana				

data	motore S/D	ora motore	codice	pagina diario
condizioni della membrana				

data	motore S/D	ora motore	codice	pagina diario
condizioni della membrana				

data	motore S/D	ora motore	codice	pagina diario
condizioni della membrana				

data	motore S/D	ora motore	codice	pagina diario
condizioni della membrana				

data	motore S/D	ora motore	codice	pagina diario
condizioni della membrana				

motore S / D – motore di Sinistra o di Dritta
pagina diario – vedere il diario alla pagina
    indicata

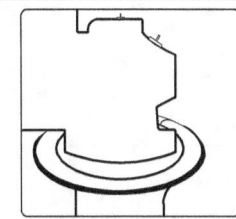

Sommario

data	motore S/D	ora motore	codice	pagina diario
condizioni della membrana				

data	motore S/D	ora motore	codice	pagina diario
condizioni della membrana				

data	motore S/D	ora motore	codice	pagina diario
condizioni della membrana				

data	motore S/D	ora motore	codice	pagina diario
condizioni della membrana				

Saildrive – Annotazioni

Saildrive – Annotazioni

Sommario

Altre Apparecchiature

data	oggetto	annotazioni

Altre Apparecchiature

data	oggetto	annotazioni

Sommario

Note – Riassunto

Note – Riassunto

Sumários

Misure e Tabelle di Conversione

Prova del Liquido di Raffreddamento / Antigelo con Idrometro

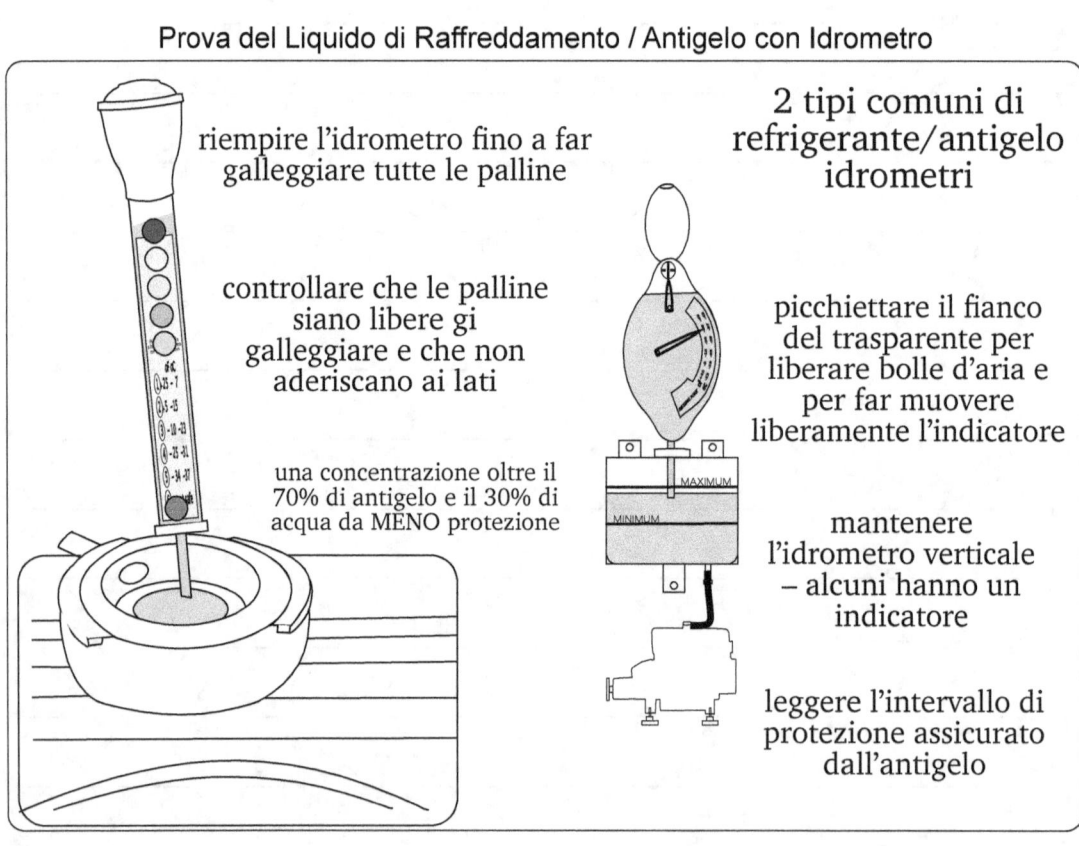

riempire l'idrometro fino a far galleggiare tutte le palline

controllare che le palline siano libere gi galleggiare e che non aderiscano ai lati

una concentrazione oltre il 70% di antigelo e il 30% di acqua da MENO protezione

2 tipi comuni di refrigerante/antigelo idrometri

picchiettare il fianco del trasparente per liberare bolle d'aria e per far muovere liberamente l'indicatore

mantenere l'idrometro verticale – alcuni hanno un indicatore

leggere l'intervallo di protezione assicurato dall'antigelo

Coppia – misure metriche e imperiali

Coppia = forza necessaria per far ruotare un oggetto (ad esempio, intorno a un asse).

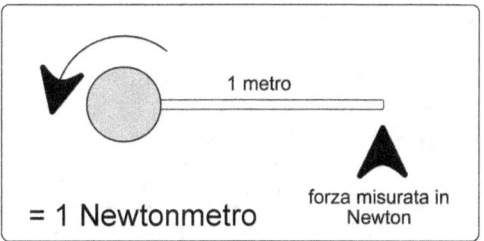

1 metro

= 1 Newtonmetro

forza misurata in Newton

1 Newton = forza richiesta per muove 1 kg a 1 metro al secondo per secondo (secondo per secondo è la misura standard dell'accelerazione)

$$1N = 1 \text{ kg} \times m/s^2$$

1 Newtonmetro è 1 kg di forza (1 Newton) applicato con una leva di 1 metro per muovere o ruotare un oggetto

1 piede – libbra

È 1 libbra di forza applicata con una leva di un piede

in oz = pollice oncia
ft lb o ftlb = forza di 1 libbra
N = Newton
Nm = Newton metro

formula*
Nm x 141,61 = pol oz
Nm x 0,738 = pé lb
pé lb x 1,356 = Nm
pé lb x 12 = pol lb
pé lb x 16 = pol oz
pol lb x 0,083 = Nm
pol lb x 16 = pol oz
pol oz x 0,007 = Nm
pol oz x 0,0005 = pé lb

esempio: 2 Nm x 14,61 = 283,22 pollici oncia

Nm	in oz	ft lb
1	141,6	0,74
2	283	1,475
3	425	2,213
4	566	2,95
5	708	3,69
6	850	4,43
7	991	5,16
8	1133	5,9
9	1274	6,64
10	1416	7,38
20		14,75
30		22,13
40		29,5
50		36,88
60		44,25
70		51,63
80		59
90		66,38
100		73,76
125		92,20
150		110
175		129
200		147

ft lb	in oz	Nm
1	192	1,36
2	384	2,7
3	576	4
4	768	5,4
5	960	6,8
6	1152	8,13
7	1344	9,5
8	1536	10,85
9	1728	12,20
10	1920	13,56
20		27
30		40,67
40		54,23
50		67,79
60		81,35
70		94,91
80		108,46
90		122
100		135,58
125		169,47
150		203,37
175		237
200		271

in oz	ft lb	Nm
5	0,026	0,035
6	0,03	0,04
7	0,036	0,05
8	0,04	0,056
9	0,046	0,06
10	0,05	0,07
15	0,078	0,106
20	0,10	0,141
25	0,13	0,176

Misure

	ft lb	Nm
30	0,156	0,2
35	0,18	0,47

in lb	in oz	Nm
5	80	0,035
6	96	0,04
7	112	0,05
8	128	0,056
9	144	0,06
10	160	0,07
15	240	0,106
20	320	0,141
25	400	0,176

Distanza – misure metrice, imperiali e nautiche

km = kilometro
kn = nodo   1 nodo = 1 miglio marino all'ora
nm = miglio marino

formula* km x 0,54 = mn km x 0,62 = miglio			formula mn x 1,852 = km mn x 1,151 = miglio			formula miglio x 0,87 = mn miglio x 1,609 = km		
km	mn	miglio	mn	km	milgio	milgio	mn	km
1	0,54	0,62	1	1,852	1,151	1	0,87	1,609
10	5,40	6,21	10	18,52	11,51	10	8,69	16,09
20	10,79	12,43	20	37,04	23	20	17,38	32,19
30	16,20	18,64	30	55,56	34,52	30	26,07	48,28
50	27	31,07	50	92,60	57,54	50	43,45	80,47
100	54	62,14	100	185,20	115,08	100	86,90	160,93
300	162	186,41	300	555,60	345	300	260,69	482,80
500	270	310,69	500	926	575,4	500	434,49	804,67
750	404,97	466,03	750	1389	863	750	651,73	1207
1000	639,96	621,37	1000	1852	1150,78	1000	868,98	1609,34

esempio: 1 km x 0,54 = 0,54 mn

velocità in nodi	distanza in nm nel tempo	
	12 ore	24 ore
0,5	6	12
1	12	24
1,5	18	36
2	24	48
2,5	30	60
3	36	72
3,5	42	84
4	48	96
4,5	54	108
5	60	120
6	72	144
7	84	168
8	96	192
9	108	216
10	120	240
11	132	264
12	144	288

Per le conversioni di velocità (nm, kmh, mph) consultare pag. 276

1 minuto primo di latitudine = 1 nm
60 minuti primi di latitudine = 1 grado
1 grado = 60 mn
1 miglio nautico = 1852 metri
1 miglio nautico = 2025 yarde

100 cm = 1 metro
1 metro = 3,28 piedi

3 piedi = 1 yarda
3 piedi = 0,914 metri

Elettricità – Corrente Continua

Elettricità – la Legge di George Ohm

La Legge di Ohm spiega la relazione tra
corrente (amp), resistenza (ohm, Ω) e voltaggio (V).

amps (I)	X	**resistenza (Ω)**	=	voltaggio
voltaggio	÷	**resistenza (Ω)**	=	amps (I)
voltaggio	÷	amps (I)	=	**resistenza (Ω)**

*esempio per calcolare la
resistenza:*
$$V / I = R$$
$$12 / 4 = 3$$

Elettricità – la Legge di James Watt

La legge di Watt spiega la relazione tra
la potenza (watt), la corrente (amp) ed il voltaggio (V).

voltaggio	X	amp	=	**watt**
watt	÷	amp	=	voltaggio
watt	÷	voltaggio	=	amp

*esempio per calcolare gli amp: Un
apparecchio a 12 volt consuma 80
watt – quanti amp assorbe?*
$$80 / 12 = 6{,}67\,A$$

Usando la piramide,
una volta noti 2 valori,
si può calcolare il 3°

Amp = amperaggio o I o corrente
Resistenza = R o Ω o ohms
Voltaggio = V o E o volt

I X R = Voltaggio (V)
V / R = Amp (I)
V / I = Resistenza

Ampere Ora (AH) – il totale degli amp che una batteria può erogare in 20 ore. Più elevato il numero, maggiore la potenza che la batteria può erogare nel tempo. La classificazione AH si applica a batterie a scarica profonda: una batteria da 100 AH può erogare circa 5 A durante 20 ore.

Ampere Avviamento a Freddo (CCA – Cold Cranking Amps) –
la corrente che una batteria a 12 volt può erogare a -18°C (0°F) per 30 secondi
senza scendere al di sotto di 7,2 volt.

Misure

Ampere Avviamento Marino (MCA – Marine Cranking Amps) – la corrente che una batteria a 12 volt può erogare a 0°C (32°F) per 30 secondi senza scendere al di sotto di 7,2 volt. Per la medesima batteria l'indice MCA è di circa il 30% più alto dell'indice CCA.

Riserva di Capacità (RC) – i minuti durante i quali una batteria è in grado di erogare 25 amp, mantenendo il voltaggio sopra a 10,5 volt (batteria a 12 volt) alla temperatura di 26,7 °C (80°F).

Voltaggio (V)	Celle Umide	AGM	Gel	Litio
100%	12,60-12,70	12,80 - 12,90	12,85 - 12,95	13,4 - 14,4
75%	12,40	12,60	12,65	13,2
50%	12,20	12,30	12,35	13,1
25%	12,00	12,00	12,00	13,0
0%	11,80	11,80	11,80	10,0

Per convertire CCA in MCA, moltiplicare CCA per 1,3

Per convertire MCA in CCA, moltiplicare MCA per 0,77

Equivalenze Comuni tra Metrico, Pollice Frazionale e Decimale

Dimensioni dei fori in millimetri si approssimano con il valore più prossimo dei pollici decimali e frazionali

Esempio: punta tarpano 2mm – la punta più prossima è 5/64 – cioè 1,95 mm

filetto mm	frazione pollici	mm più vicino	pollice decimale
2	5/64	1,95	0,078
3	1/8	3,1	0,125
4	5/32	3,9	0,156
5	13/64	5,1	0,188
5,5	7/32	5,57	0,219
6	15/64	5,9	0,234
6,5	1/4 ou 17/64	6,3 ou 6,7	0,248 ou 0,267
7	9/32	7,1	0,281
7,5	19/64	7,54	0,297
8	5/16	7,9	0,313
8,5	21/64 ou 11/32	8,3 ou 8,7	0,328 ou 0,344
9	23/64	9,1	0,359
9,5	3/8	9,55	0,375
10	25/64	9,9	0,391
10,5	27/64	10,72	0,422
11	7/16	11,11	0,438
11,5	29/64	11,51	0,453
12	15/32 ou 31/64	11,8 ou 12,2	0,469 ou 0,484
13	33/64	13,10	0,516
14	35/64	13,8	0,547

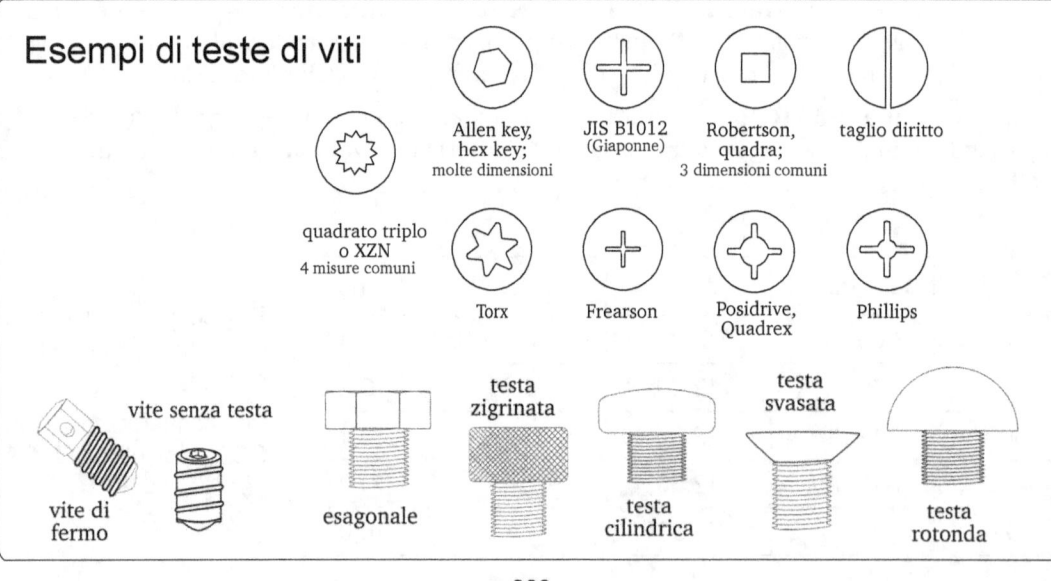

Esempi di teste di viti

Allen key, hex key; molte dimensioni

JIS B1012 (Giaponne)

Robertson, quadra; 3 dimensioni comuni

taglio diritto

quadrato triplo o XZN 4 misure comuni

Torx

Frearson

Posidrive, Quadrex

Phillips

vite senza testa

testa zigrinata

testa svasata

vite di fermo

esagonale

testa cilindrica

testa rotonda

Equivalenze più comuni tra le misure in Pollici Frazionali, Decimali e Millimetri

police frazionale	police decimale	metrico mm		police decimale	police frazionale	metrico mm
1/64	0,016	0,397		0,0156	1/64	0,397
1/32	0,031	0,794		0,03124	1/32	0,794
1/16	0,063	1,588		0,0625	1/16	1,588
1/8	0,125	3,175		0,125	1/8	3,175
3/16	0,188	4,763		0,1875	3/16	4,762
1/4	0,250	6,35		0,250	1/4	6,350
5/16	0,313	7,938		0,3125	5/16	7,938
3/8	0,375	9,525		0,375	3/8	9,525
7/16	0,438	11,113		0,4375	7/16	11,112
1/2	0,500	12,7		0,5	1/2	12,7
9/16	0,563	14,288		0,5625	9/16	14,386
5/8	0,625	15,875		0,625	5/8	15,875
11/16	0,688	17,463		0,6875	11/16	17,462
3/4	0,750	19,05		0,750	3/4	19,050
13/16	0,813	20,638		0,8125	13/16	20,638
7/8	0,875	22,225		0,875	7/8	22,225
15/16	0,938	23,813		0,9375	15/16	23,812
1	1,0	25,4		1,0	1	25,4

Resistenza a Trazione di perni in Acciaio Rinforzato

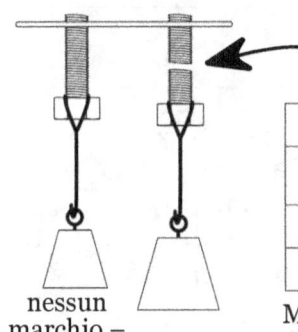

nessun marchio – acciaio dolce

Resistenza a trazione – la massima forza di tiro che un materiale può reggere prima di spezzarsi

metrico		Anglosassone	
acciaio dolce	400 MPa		60.000 psi
8,8	827 MPa	SAE 5	120.000 psi
10,9	1.034 MPa	SAE 8	150.000 psi

MPa = MegaPascal   psi = libbra per pollice quadrato

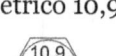
metrico 8,8

metrico 10,9

SAE 5 – vari tipi

SAE 8 – vari tipi

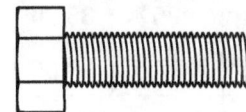
filettatura grossa
Metrico 1,5
UNC: 16 filetti/pollice

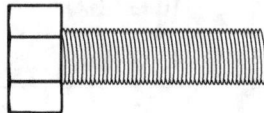
filettatura fine
Metrico 1,25
UNC:24 filetti/pollice

Carburante Diesel

La densità e quindi il peso specifico del diesel varia a seconda del suo tipo (n°1 e N°2) – un litro di gasolio più freddo e più denso pesa di più del gasolio in estate. Il diesel è più leggero dell'acqua – il suo peso specifico varia tra 0,82 e 0,95; l'acqua dolce è 1, l'acqua di mare 1,025.

1 litro 0 +/- 832 grammi o +/- 1,87 libbre
1 gallone (US) = +/- 3,32 kg o +/- 7,1 libbre
1 gallone (imp) = +/- 3,87 kg o +/- 8,5 libbre

NOTA: i valori sono approssimativi per la variabilità della densità e arrotondamento

Gallone Imp.= gallone imperiale   Kg = kilogrammo
Gallone US = gallone americano   lb = libbra

formula* kg x 1,18 = Litri kg x 0,31 = Gall. US kg x 0,259 = Gall. Imp.			
Kg	Litri	Gallone US	Gallone Imperiale
1 kg	1,18	0,31	0,259
2 kg	2,36	0,62	0,518
3 kg	3,54	0,93	0,777
4 kg	4,72	1,24	1,036
5 kg	5,9	1,55	1,295
10 kg	11,8	3,1	2,59
15 kg	17,7	4,65	3,885
20 kg	23,6	6,2	5,18

formula lb x 0,53 = Litri lb x 0,14 = Gall. US lb x 0,12 = Gall. Imp.			
Libbra	Litri	Gallone US	Gallone Imperiale
1 lb	0,53	0,14	0,12
2 lbs	1,06	0,28	0,24
3 lbs	1,59	0,42	0,36
4 lbs	2,12	0,56	0,48
5 lbs	2,65	0,7	0,6
10 lbs	5,3	1,4	1,2
15 lbs	7,95	2,1	1,8
20 lbs	10,6	2,8	2,4

esempio: 2 kg x 1,18 = 2,366 L DIESEL

formula L x 0,832 = kgs L x 1,87 = lbs		
Litri	kgs	lbs
1 L	0,832	1,87
2 L	1,66	3,74
3 L	2,496	5,61
4 L	3,33	7,48
5 L	4,16	9,35
10 L	8,32	18,7
15 L	12,48	28,05
20 L	16,64	37,4

formula Gall. US x 7,10 = lbs Gall. US x 3,32 = kgs		
Gallone US	lbs	kgs
1 G EUA	7,10	3,32
2 G EUA	14,2	6,64
3 G EUA	21,30	9,96
4 G EUA	28,40	13,28
5 G EUA	35,50	16,60
10 G EUA	71	33,20
15 G EUA	106,50	49,80
20 G EUA	142	66,4

formula Gall. Imp x 8,5 = lbs Gall. Imp x 3,87 = kgs		
Gallone Imperiale	lbs	kgs
1 G imp	8,5	3,87
2 G imp	17	7,74
3 G imp	25,5	11,61
4 G imp	34	15,48
5 G imp	42,50	19,35
10 G imp	85	38,70
15 G imp	127,5	58,05
20 G imp	170	77,40

Lunghezza / Distanza – misure decimali, imperiali e nautiche

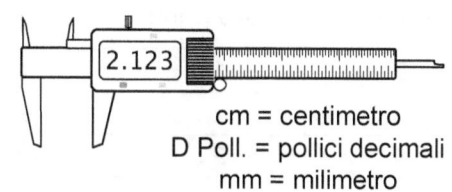

formula*

mm x 0,0394 = inch (in)
cm x 0,394 = inch (in)
inch (in) x 2,54 = cm

esempio: 5mm x 0,0394 = 0,19" pollici

cm = centimetro
D Poll. = pollici decimali
mm = milimetro

mm	in
1	0,0394
2	0,078
3	0,1181
4	0,157
5	0,197
6	0,236
7	0,276
8	0,315
9	0,355
10	0,394

cm	in
1	0,394
2	0,788
3	1,18
4	1,575
5	1,968
10	3,94
15	5,91
20	7,87
25	9,84
50	19,69
75	29,53
100	39,37

in	d poll.	mm
1/8	0,125	3,175
1/4	0,250	6,35
3/8	0,375	9,525
1/2	0,5	12,7
5/8	0,625	15,875
3/4	0,75	19,05
7/8	0,875	22,23

Pollici decimali

Molti calibri digitali riportano le misure in pollici decimali, non frazionati, dividendo il pollice in 1.000 parti, il che fornisce una maggiore accuratezza; es.: 0,650 è leggermente più grande di 5/8"

in	cm
1	2,54
2	5,08
3	7,62
4	10,16
5	12,7
10	25,4
15	38,10
20	50,80
25	63,5
50	127
75	190,5
100	254

1 braccio = 1 fathom = 6 piedi = 1,83 m

Misure

formula metri x 3,28 = piedi metri x 1,09 = iarde		
metri	piedi	iarde
1	3,28	1,09
5	16,40	5,47
10	32,81	10,94
15	49,21	16,40
20	65,62	21,87
25	82,02	27,34
50	164,04	54,68
75	246,06	82
100	328,08	109,36

formula iarda x 0,914 = metri	
iarde	metri
1	0,914
5	4,572
10	9,14
15	13,72
20	18,29
25	22,86
50	45,72
75	68,58
100	91,44

formula braccia x 1,829 = metri braccia x 6 = piedi		
braccia	metri	piedi
1	1,829	6
5	9,144	30
10	18,29	60
15	27,43	90
20	36,58	120
25	45,72	150
50	91,44	300
75	137,16	450
100	182,88	600

Maschiare e Forare in millimetri e pollici

filetto (mm)	foro (mm)	foro pollici
2	1,5	1/16
3	2,5	3/32
4	3,5	9/64
5	4,5	11/64
6	5	13/64
7	6	15/64
8	7	9/32
10	9	23/64
12	10,5	13/32
14	12,5	31/64

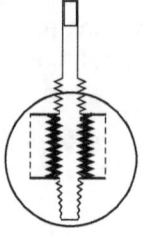

le più usate sono i maschi per sbozzare e filettare

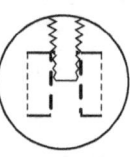

la maschiatura risulta più facile se iniziata verticalmente nel foro già praticato

filetto pollici	foro pollici	filetto (mm)
1/8	3/32	2,38
1/4	7/32	5,5
5/16	9/32	7
3/8	5/16	8
1/2	15/32	12
5/8	35/64	14
3/4	11/16	17,5
7/8	13/16	20,5
1	7/8	22

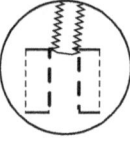

le punte per smussare e forare sono più difficili per lavorare esattamente in verticale

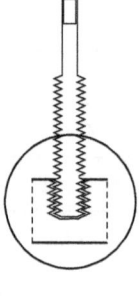

le punte a smussare sono usate per filettare un foro cieco (senza uscita)

NOTA: i diametri indicati sono quelli di uso comune (difficile trovare in barca fori da 1,6 mm!)

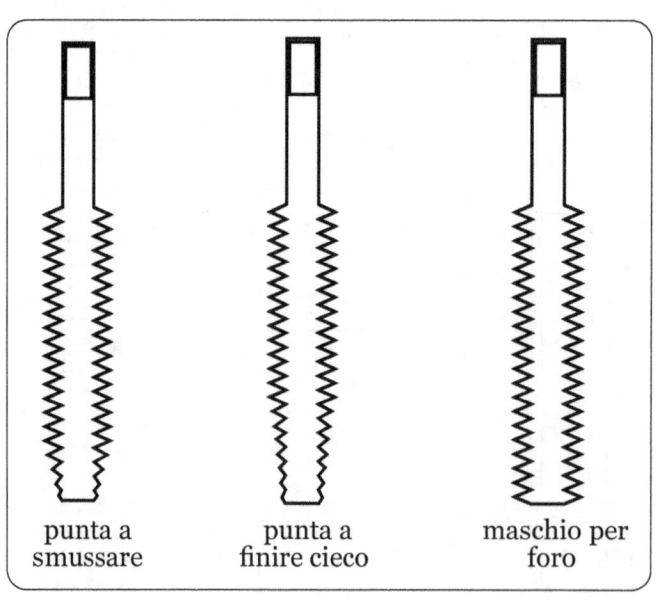

punta a smussare   punta a finire cieco   maschio per foro

Pesi – misure metriche e imperiali

Acqua dolce
1 litro = 1 kilograma o 2,2 libbre
1 gallone US = 3,78 kg o 8,34 libbre
1 gallone (Imp) = 4,55 kg o 10,02 libbre

Acqua di mare (salinità +/– 3,5%)
1 litro =+/– 1,025 kg o 2,26 libbre
1 gallone US = +/– 3,7 kg o 8,5 libbre
1 gallone Imp = +/– 4,66 kg o 10,2 libbre
1 metro cubo = ± 1020 kg

1 kg = 1000 grammi
1 kg = 35,24 once
1 kg = 2,2 libbre

1 oncia = 28 grammi
16 once = 1 lb
1 libbra = 454 grammi
1 libbra = 0,45 kg

g = grammo
kg = kilogrammo

lb = libbra
oz = oncia

formula*
g x 0,035 = oz
g x 0,002 = lb
kg x 35,274 = oz
kg x 2,2 = lb

gram	oz	lb
10	0,353	0,022
50	1,76	0,11
100	3,53	0,22
500	17,64	1,1
1 kg	35,27	2,2
2 kg	70	4,4
3 kg	106	6,61
4 kg	141	8,82
5 kg	176	11

formula
oz x 28,35 = g
lb x 454 = g

oz	gram
1	28,35
2	56
3	85
4	113
5	142
10	283
15	425
1 lb	454
2 lb	907

formula
lb x 16 = oz
lb x 454 = g
lb x 0,454 = kg

lb	oz	g/kg
1	16	454
2	32	907
3	48	1,36 kg
4	64	1,81 kg
5	80	2,27 kg
10	160	4,54 kg
15	240	6,80 kg
20	320	9,07 kg
25	400	11,34 kg

Misure

*esempio: 30g x 0,035 = 1,05 oz

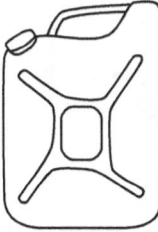

20 L GASOLIO
= 16,64 kg
= 37,41 libbre

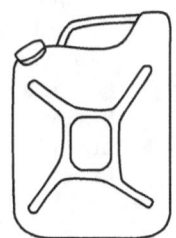

20 L ACQUA DOLCE
= 20 kg
= 44 libbre

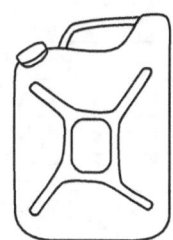

20 L ACQUA DI MARE
= 20,5 kg
= 45,2 libbre

Potenza – Cavalli Vapore e kilowatt

1 cavallo vapore di potenza = forza necessaria
per sollevare di 1 metro
750 kilogrammi in 10 secondi

Bhp = cavalli di potenza al freno
CV = cavallo vapore
HP = cavalli di potenza
kW = kilowatt
W = watt

metrici hp	kW	UK/US hp
1	0,735	0,986
5	6,798	4,932
10	7,355	9,863
20	14,710	19,7264
30	22,065	29,5896
40	29,420	39,453
50	36,775	49,316
60	44,13	59,179
70	51,485	69,042
80	58,84	78,9056
90	66,195	88,7688
100	73,55	98,632
120	88,260	118,358
140	102,97	138,085
160	117,68	157,81
180	132,39	177,538
200	147,10	197,26

esempio: 50 mhp x 0,735 = 36,75 kW

1 kilowatt (kW) 0 1000 watt
1 kW = 1,36 hp metrici (mhp)
1 mhp = 0,735 kW
1 kW = 1,34 hp (meccanici)
1 hp = 0,746 kW

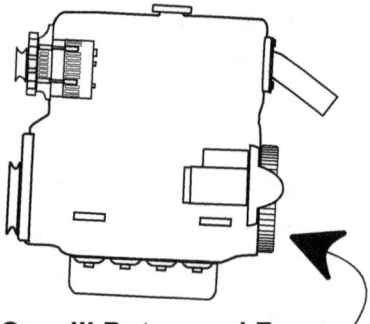

Cavalli Potenza al Freno
misurati al volano, leggermente
minori degli HP perché tiene conto
degli attriti interni al motore

potenza netta del motore
= brake horse power (bhp)
Cavalli Potenza all'Asse
= potenza disponibile all'elica
= +/- 2% della potenza al freno

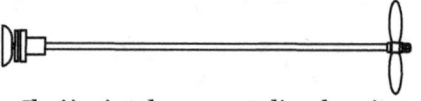

UK/US hp	kW	metrici CV
1	0,74569	1,01
5	3,728	5,07
10	7,4569	10,14
20	14,91	20,28
30	22,37	30,42
40	29,8279	40,56
50	37,29	50,5
60	44,74	60,83
70	52,20	70,97
80	59.66	81,11
90	67.11	91,25
100	74.57	101,39
120	89,48	121,66
140	104,40	141,94
160	119,31	162,22
180	134,23	182,50
200	149,14	202,77

esempio: 50 hp x 1,01 = 50,5 mcv

Il più piccolo motore diesel mai costruito
si ritiene sia stato il Nano Bee:
- progettato e costruito da Ronald
  Valentine
- alesaggio pistone 2 mm.
- cilindrata 0,06 cc (0,00037 inch^3)
- lunghezza 2,22 cm (7/8 inch)
- fino a 12.880 giri/minuto
- in vendita a 500 US$

Il più grande motore diesel mai costruitosi è stato il
- Warstila – Sulzer RTA96-C da 109.000 hp
  montato su Emma Maersk nel 2006
- 2 tempi, 14 cilindri
- alesaggio pistone 960mm (38inch)
- Altezza Pistone 6 m (20ft).
- velocità del pistone:8,5 m/sec (28 ft/sec)
- da 22 a 102 rpm
- consumo fino a 250 tonnellate di
  olio pesante al giorno

Pressione – misure metriche e imperiali

Pressione atmosferica (atm) al livello del mare
= ± 1,013 bar
= ± 760 mmHg
= ± 101,325 kPa
= ± 14,7 psi
= ± 29,921 polHg

formula
psi x 6894,76 = Pa
psi x 2,036 = polHg
psi x 51,72 = mmHg

psi	Pa - kPa	mmHg	polHg
1	6894,76	51,72	2,036
10	68947,60	517,15	20,36
20	137,90 kPa	1034	40,72
30	206,84 kPa	1551	61,08
40	275,79 kPa	2068	81,44
50	344,74 kPa	2585	101,80
100	689,48 kPa	5171	203,60
500	3447,38 kPa	25857	1018
1000	6894,76 kPa	51714	2036

formula*
bar x 100 = kilopascals (kPa)
kilopascal x 0,01 = bar
Pa x 0,0075 = mmHg
Pa x 0,000145 = psi
Pa x 0,000295 = pol Hg

bar	kPa	psi	mmHg	polHg
1	100	14,5	750.06	29,53
2	200	29	1500	59,06
3	300	43,51	2250	88,59
4	400	58	3000	118,12
5	500	72,52	3750	147,65
10	1000	145,04	7500	295,3

esempio: 20 kPa x 0,000145 = 2,9 psi

inHg = pollici di mercurio
mmHg = millimetri di mercurio
kPa = 1.000 pascals
Mpa = 1.000.000 pascal
Pa = Pascal
Psi = libbre per pollice^2

formula
Mpa x 145,038 = psi

MPa	psi
1	145
2	290
3	435
4	580
5	725

Misure

formula
inHg x 25,4 = mmHg
inHg x 3386 = Pa
inHg x 0,491 = psi

inHg	mmHg	Pa - kPa	psi
1	25,4	3386	0,491
2	50,8	6772	0,982
3	76,2	10159	1,473
4	101,6	13545	1,965
5	127	16,93 kPa	2,456
6	152,4	20,32 kPa	2,95
7	177,8	23,70 kPa	3,44
8	203	27,09 kPa	3,93
9	228,6	30,48 kPa	4,42
10	254	33,86 kPa	4,912

formula
mmHg x 0,039 = inHg
mmHg x 133.32 = Pa
mmHg x 0,019 = psi

mmHg	inHg	Pa - kPa	psi
50	1,968	6666	0,967
100	3,94	13,332	1,933
200	7,87	26,66 kPa	3,868
300	11,81	40	5,8
400	15,75	53,33	7,74
500	19,68	66,66	9,67
750	29,53	100	14,50
1000	39,37	133,33	19,34

Superficie – misure metriche e imperiali

cm = centimetro
cm^2 = centimetro quadro
ft = piede
ft^2 = piede quadro
m = metro
m^2 = metro quadro
mm = millimetro
mm2 = millimetro quadro

in = inches
in^2 = inches quadro

formula mm^2 x 0,01 = cm^2 mm^2 x 0,00155 = in^2			
mm x mm	mm^2	cm^2	in^2
2 x 2	4	0,04	0,0062
3 x 3	9	0,09	0,014
4 x 4	16	0,16	0,025
5 x 5	25	0,25	0,039
6 x 6	36	0,36	0,056
7 x 7	49	0,49	0,076
8 x 8	64	0,64	0,099
9 x 9	81	0,81	0,125
10 x 10	100	1	0,155

formula* cm^2 x 0,155 = in^2	
cm^2	in^2
1	0,155
2	0,31
3	0,465
4	0,62
5	0,775
10	1,55
15	2,325
20	3,1
25	3,875
50	7,75
75	11,625
100	15,50

formula in^2 x 6,45 = cm^2	
pn^2	cm^2
1	6,45
2	12,90
3	19,35
4	25,81
5	32,26
10	64,52
15	96,77
20	129
25	161
50	322
75	484
100	645

esempio: 3 cm^2 x 0,155 = 0.465 $inch^2$

formula* m^2 x 10,76 = ft^2	
m^2	ft^2
1	10,76
2	21,53
3	32,28
4	43,06
5	53,82
10	107,64
15	161,46
20	215,28
25	269
50	538
75	807
100	1076

formula ft^2 x 0,0929 = m^2	
ft^2	m^2
1	929 cm^2
2	0,186
3	0,279
4	0,372
5	0,465
10	0,93
15	1,39
20	1,86
25	2,32
50	4,65
75	6,97
100	9,29

Metrico

100 mm^2 = 1 cm^2
10000 cm^2 = 1 m^2
646 mm^2 = 1 in^2

Imperial

144 pol^2 = 1 ft^2
9 ft^2 = 1 $jarda^2$
10,76 ft^2 = 1 m^2

esempio: 3 m^2 x 10.76 = 32.28 $piedi^2$

Temperatura – °C e °F

Temperatura funzionamento del motore	°C	°F
Raffreddamento **Indiretto**	70 - 85 °C	158 - 185 °F
Raffreddamento **Diretto**	55 - 70 °C	131 - 158 °F

Caratteristiche gasolio	°C	°F
Punto di accensione – T minima cui i fumi prendono fuoco	52 - 82 °C	125 - 180 °F
Punto di auto accensione – minima cui il carburante si infiamma anche senza innesco	210 °C	410 °F
T aria nel cilindro prima dell'iniezione	500 °C	920 °F
T di fiamma (gas della combustione	1400 °C	2550 °F
T del diesel al collettore di scarico	300 - 1000 °C	1470 - 1800 °F
T allo scarico dopo l'iimmissione	40 - 50 °C	104 - 122 °F

T – temperatura; T approssimativo - la T esatta dipende da numerose variabili

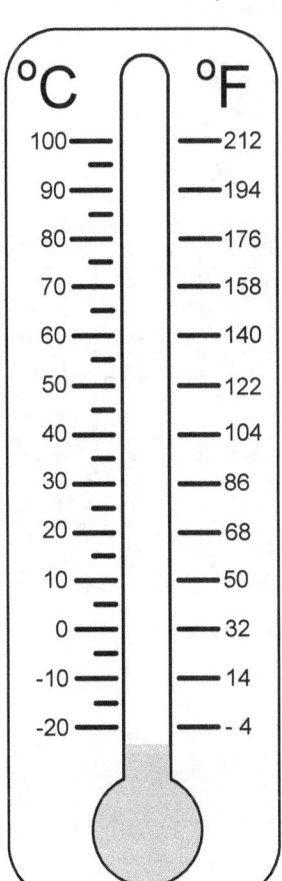

Per convertire °C in °F

$$1 \,°C \times 1{,}8 + 32 = °F$$

esempio: *10 °C x 1,8 = 18 + 32 = 40 °F*

Per convertire °F in °C

$$1 \,°F - 32 \times 0{,}5566 = °C$$

esempio: *56 °F - 32 = 24 x 0,5566 = 13 °C*

T punto di ebollizione dell'acqua pura a livello del mare	100 °C	212 °F
T di congelamento dell'acqua pura a livello del mare	0 °C	32 °F
Punto di congelamento dell'acqua di mare (salinità 3,5%)	2 °C	28 °F

Temperatura del mare per favorire la formazione di un ciclone tropicale: 26 °C (79 °F)

Cosa dove?

Cicloni - Oceano Indiano

Uragani – Oceano Atlantico, Oceano Pacifico

Tifone – Pacifico occidentale, Mar Cinese Meridionale

Velocità – misure metriche, imperiali e nautiche

m/s = metri al secondo
nodo = (nodo, 1 miglio marino all'ora)
kph = chilometro all'ora

pi/s = piedi al secondo
mph = miglia orarie

formula*				
kph x 0,621 = mph				
kph x 0,278 = m/s				
kph x 0,911 = pi/s				
kph x 0,54 = nodo				
kph	**mph**	**m/s**	**pi/s**	**nodo**
1	0,62	0,28	0,911	0,54
5	3,11	1,39	4,56	2,7
10	6,21	2,78	9,11	5,4
15	9,32	4,17	13,67	8,10
20	12,43	5,56	18,23	10,8
25	15,53	6,95	22,78	13,5
30	18,64	8,34	27,34	16,2

esempio: 5 kph x 0,621 = 3,105 mph

formula				
m/s x 3,6 = kph				
m/s x 2,24 = mph				
m/s x 3,28 = pi/s				
m/s x 1,94 = nodo				
m/s	**kph**	**pi/s**	**mph**	**nodo**
1	3,6	3,28	2,24	1,94
5	18	16,40	11,18	9,72
10	36	32,81	22,37	19,44
15	54	49,21	33,55	29,16
20	72	65,62	44,74	38,88
25	90	82,02	55,92	48,60
30	108	98,42	67,11	58,31

formula				
mph x 1,609 = kph				
mph x 0,447 = m/s				
mph x 1,467 = pi/s				
mph x 0,869 = nodo				
mph	**kph**	**m/s**	**pi/s**	**nodo**
1	1,61	0,45	1,47	0,87
5	8,05	2,24	7,33	4,34
10	16,09	4,47	14,68	8,69
15	24,14	6,71	22	13,03
20	32,19	8,94	29,33	17,38
25	40,23	11,18	36,67	21,72
30	48,28	13,41	44	26,07

formula				
nodo x 1,852 = kph				
nodo x 0,514 = m/s				
nodo x 1,688 = pi/s				
nodo x 1,151 = mph				
nodo	**kph**	**m/s**	**mph**	**pi/s**
1	1,85	0,51	1,15	1,69
2	3,7	1,03	2,3	3,38
3	5,56	1,54	3,45	5,06
4	7,41	2,06	4,6	6,75
5	9,26	2,57	5,75	8,44
10	18,52	5,14	11,51	16,88
15	27,78	7,71	17,26	25,32

esempio: 6 nodi x 0,514 = 3,08 m/s

pi/s	**mph**	**m/s**	**kph**	**nodo**
1	0,682	0,305	1,097	0,592
10	6,82	3,48	10,97	5,93
20	13,64	6,1	21,95	11,85
30	20,45	9,14	32,92	17,77
40	27,27	12,19	43,89	23,70
50	34,09	15,24	54,86	29,62
100	68,18	30,48	109,73	59,25

formula
pi/s X 2,9 = kph
pi/s X 0,305 = m/s
pi/s X 2,05 = mph
pi/s X 1,78 = nodo

1 nodo = 20 pollici al secondo

nodi x tempo = distanza
Vedi a pagina 264

Volume – misure metriche e imperiali

1000 millilitri = 1 Litro
16 Fl. Oz US = 1 pinta US
20 Fl. Oz Imp = 1 pinta imperiale
2 pinte = 1 quarto
8 pinte = 1 gallone

Fl. Oz US =
oncia fluisa americana
Fl. Oz Imp =
oncia fluida Imperiale (inglese)
mL = mililitro   L = litro

G US – gallone US
G Imp = gallone imperial
Pt US = pinta US
Pt Imp = pinta imperiale

formula
mL x 0.034 = Fl. Oz US
mL x 0.035 = Fl. Oz Imp.

mL	Fl Oz. US	Fl Oz Imp.
5	0,17	0,176
10	0,35	0,35
25	0,85	0,88
50	1,69	1,76
100	3,38	3,52
250	8,45	8,80
500	16,91	17,60
750	25,36	26,40

formula
Fl Oz. US x 29,574 = mL
Fl. Oz US x 1,04 = Fl. Oz Imp.

Fl Oz. US	mL	Fl. Oz Imp.
1	29,57	1,04
2	59	2,08
3	89	3,12
4	118	4,16
5	148	5,20
10	296	10,41
15	444	15,61
20	591	20,82

formula
Fl. Oz Imp. x 28,41 = mL
Fl. Oz. Imp. x 0,961 = Fl. Oz. US

Fl Oz. Imp.	mL	Fl Oz US
1	28,41	0,96
2	57	1,92
3	85	2,88
4	114	3,84
5	142	4,8
10	284	9,6
15	426	14
20	568	19

Pinta US	Pinta Imp.
1	0,83
2	1,66
3	2,5
4	3,33
5	4,16

Pinta Imp.	Pinta US
1	1,20
2	2,4
3	3,6
4	4,8
5	6

formula
pinta US x 0,833 = pinta Imp.
pinta Imp. x 1,2 = pinta US

20 gocce = +/- 1 ml

Litro	G US	G Imp.	Fl Oz US	Fl. Oz Imp.
1	0,26	0,22	33,81	35,19
2	0,56	0,44	67,63	70,39
3	0,79	0,66	101,44	105,59
4	1,06	0,88	135,26	140,78
5	1,32	1,10	169,07	175,98

formula*
L x 0,264 = G US
L x 0,22 = G Imp.
L x 33,81 = Fl Oz. US
L x 35,19 = Fl Oz. Imp

esempio: 2 L x 0,22 = 0,44 Galloni Imp.

Misure

formula
G US x 3,78 = L
G US x 0,833 = G Imp.
G US x 128 = Fl Oz. US
G US x 133,23 = Fl. Oz. Imp

G US	L	G Imp.	Fl Oz US	Fl. Oz Imp.
1	3,78	0,83	128	133,23
2	7,57	1,66	256	266,46
3	11,36	2,5	384	399,68
4	15,14	3,33	512	532,91
5	18,93	4,16	640	666,14

formula
G Imp x 4,546 = L
G Imp x 1,20 = G US
G Imp x 153,72 = Fl Oz. US
G Imp x 160 = Fl. Oz. Imp

G Imp	L	G US	Fl Oz US	Fl. Oz Imp.
1	4,55	1,20	153,72	160
2	9,09	2,4	307,44	320
3	13,64	3,6	461,17	480
4	18,18	4,8	614,89	640
5	22,73	6	768,61	800

data

data _____

_____

_____

_____

_____

_____

_____

_____

_____

_____

_____

_____

_____

_____

_____

Annotazioni

_____

_____

_____

_____

_____

data _____

_____

_____

_____

_____

_____

_____

_____

_____

_____

_____

_____

_____

_____

_____

_____

_____

_____

_____

_____

_____

_____

data _____

Annotazioni

data

data _____

_____

_____

_____

_____

_____

_____

_____

_____

_____

_____

_____

_____

_____

Annotazioni

_____

_____

_____

_____

data

data _____

Annotazioni

Index

Série Básico de Marine Diesel Basics

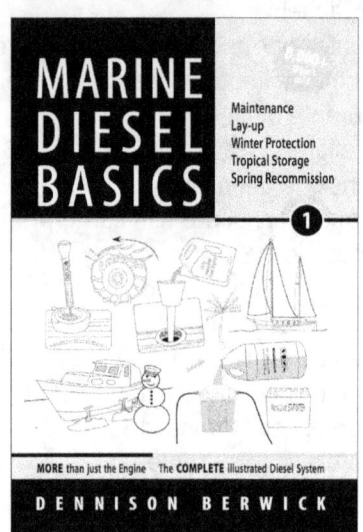

Marine Diesel Basics 1

- Manutenzione
- Istallazione
- Invernaggio
- Conservazione ai Tropici
- Riavvio inizio stagione

- oltre 350 disegni chiari
- 212 pagine
- 2nda edizione
- tascabile, copertina rigida, copertina con spirale, ebook
- oltre 9.000 copie vendute
- *attualmente solo in inglese*

"…La migliore guida in materia che io abbia mai visto, questo libro ha un suo posto su ogni barca dotata di un motore diesel – *Sail Magazine*

"Grazie alle sue chiare illustrazione ha contenuti fondamentali per chiunque stia iniziando a mettere mano ai motori diesel…Lo raccomando molto" – *Good Old Boat*

"La migliore tra le guide che potete trovare" – *Australian Sailing*

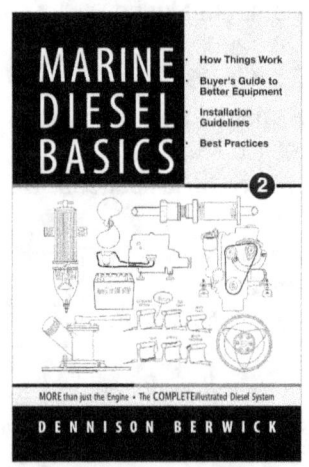

Marine Diesel Basics 2

- come funziona
- guida all'acquisto delle migliori attrezzature
- guida all'istallazione corretta
- le migliori pratiche
- oltre 2.000 disegni + 500 pagine
- tascabile, copertina rigida, copertina con spirale, + ebook

prossima pubblicazione

www.marinedieselbasics.com

- libreria MDB
- oltre 2500 manuali gratuiti
- checklist gratuite
- elenco di parole tecniche in italiano

MDB Libreria

Manuali del motore